ホンマでっか!?

武田邦彦の科学的人生論

武田邦彦
Takeda Kunihiko

飯塚書店

はじめに

誰もが悩みを持っている。それは人間として当然のように思うけれど、奇妙だ。何かの原因で不幸のどん底に陥ったりしているのであれば悩みもあるだろうが、凍死もしない、飢え死ぬおそれもない。それでいて悩みに悩む。どうしてだろうか？

37億年前にこの地球上に生命というものが誕生して以来、生物の行動や判断はほぼすべてDNAという遺伝子が担っていた。その遺伝子は親から譲り受けたものだから、親が「アイツは敵だ」とDNAで教えたら、相手がどんなに親切にしてくれても、愛してくれても、自分は相手を憎むしかできない。敵だからだ。

ところが私たち人間はDNAを1000倍も上回る「頭脳情報」というものを持っていて、こちらは後天性だから、親がDNAで教えてくれても、相手が親切にしてくれればうっかり信用してしまう。頭脳はやっかいだ。そして、DNAが「相手は敵」と教えてくれても、もう一度「敵か味方か」を考え込まなければならない。だから大脳が発達している人間だけが深い悩みに沈むことがある。つまり、「悩みを持つ」というのは「人間である」という証拠でもあるのだが、それは現代の人間、つまり我々だけのような気もする。動物の種というのは特殊な例を除き、せいぜい数千万年ぐらいで絶滅するので、数千万年後には「人類の次の頭脳動物」が誕生するだろう。その時には、今、私たちを悩ませている欲望、挫折、嫉妬などを適切に処理できる頭脳を持っているだろうが、私たちの人生はせいぜい100年程度なのでそれまで待つことはできない。

でも、よい方法がある。私たちが悩む原因は「頭脳の情報を書き換える」ことができるからなので、それを逆手にとって「悩まない方法」を脳にインプットすれば、数千万年の時を超えて、一気に悩みがない新しい人生の仲間入りができるのだ。

紀元前、人類が「鉄の鍬」を発見して食糧の生産量を飛躍的に伸ばすことができるようになって以来、宗教家、哲学者などを輩出して、「悩みの解決方法」を探ってきた。しかし人間の悩みは時代とともに、また社会とともに大きく変化するので紀元前に編み出された素晴らしい教えも残念ながらそのままでは現代の私たちの役には立たない。翻訳が必要なのだ。

この本は日本人が大脳の情報を書き換えて、悩みの多い人生を楽しくラクな人生に変えるための一つの方法を伝達するためにまとめられたものである。やがてこの本も時間が経てば古びてくるだろうけれど、現代の日本に生きる人、そしてさまざまな悩みを抱えている人に「科学」という武器を活用して、一つの回答を示してみたものである。

目次

第三章　人生・人間関係　93

第一章　夢・希望・幸福

希望を叶える魔法の杖

この世には「希望が叶う魔法の杖」がある。

人間、誰しもが人生に希望を持っている。体も丈夫で何不自由なく生活しているように見えても、さらにお金が欲しいと思っていたり、もっとたくさん恋人が欲しいと思っていたりする場合もある。そんな「わがままで贅沢な願い」も悪くはない。

一方では、病気がちでなんとかそれを治したいのだがよい治療法がないとか、ご家族で苦しんでいる方がおられるとか、愛する人を失ったとか、さまざまな人がさまざまな悩みを抱えながらも明日への希望を抱いている。悩みもいろいろなら、希望もさまざまだ。そして誰もが希望を叶えられたらと願う。

私はある時まで、誰もが「希望が叶う魔法の杖」のありかを知っていると思っていた。でもそれを使わないのは何か別の理由があるのだろうと考えていた。

ところがそうではなかった。その杖のことを学校でも職場でも教えてくれない。だから、多くの人は杖の存在を知らないまま人生を送るようである。そこでそれを書くことにした。願いごとがある場合、第一段階は次のようにする。

（1）願いごとを叶えたいと思うこと。
（2）願いごとは叶うと信じること。

そんなの当たり前じゃないか！　願いごとなんだから、本人が希望している。だから叶えたいと思うのは当たり前だ！　とお叱りを受けそうだが、そうではない。多くの人は心配性であり、願いごとが実現しないのではないかと心配するあまり、叶えたいと思うこと自体が恐ろしいのである。

つまり、願いごとは叶えたいのだが、そう思うと叶えられなかった時にガックリ来るのが心配で、願いごとを叶えたいと思えなくなってくるのである。つまりこの（1）と（2）は連動していて、願いごとが叶うと信じることができれば願いごとを叶えたいと思うことができる、という逆の言い方もできるのである。

私はこの話をする時に、よくこう言う。

「願いごとは叶うと思ってください。叶うかどうかは別にして」

多くの願いごとは自分ひとりの力では叶えることはできない。高校野球で優勝したいとか、あの大学に入りたいとか、あの人と結婚したい……どれもこれも相手次第で、自分ひとりでは決められないことである。たとえば就活中の学生なら「○○会社に入りたい」と願ってみても採用は会社側がするのだから、自分ではどうにもならない。

つまり願いごとが叶うかどうかは「あなた任せ」であり、私の言葉で言えば「向こうから来るもの」なのである。「向こうから来るもの」は自分の自由にはならない。だからこれでは「魔法の杖」にはならないのである。

しかし願いを叶えたいと思い、願いが叶うと信じ続けて数年を経ると、

（3）向こうから来るものは拒まない

という杖を手にすることができる。

すでに多くの人がその瞬間を体験し、テレビなどでも目にしている。たとえば、高校野球の選手にアナウンサーがこんなインタビューをする。

アナウンサー「明日の試合は勝ちたいですか？」

選手「自分たちの野球をやりたいです！」

インタビューはすれ違っているが、それはすでにその高校生に（3）が与えられていることを示している。高校生は願いを叶えたいと思い、願いが叶うと信じて練習をしてきたのだから、たとえどんな結果でも向こうから来るものを受け入れるという勇気が生まれてきたのである。それは、（1）と（2）を体験してきた人の特権で、（3）の魔法の杖は（1）と（2）を実行してきた人のみに与えられる。

私は小さい頃から体が弱く、いろいろなことがあった。高校一年生の時には病弱で、4月から7月までの第一学期に一週間しか登校できなかった。その中でも夜中の咳には相当苦しめられた。夜になると激しい咳が出て、まともに寝ることができなかった。

それでも私は、健康な身体になりたいと願っていた。そして必ずそのうち健康になると信じていた。たとえば「厄年」というのがあるから、その年になったらきっと体質が変わって元気になるのではないかと思ったり、会社に入ってからは、職場が変われば環境が変わって元気になるのではないかと、いつもそんな風に考えていた。

それでも身体が弱いのは本質的なことで、そうそうガラリと体質が変わる訳でもない。でも、ずっとそう願い、信じていたら（3）が与えられたのだ。「元気になる時には元気になるだろう。それは自分が決められることではないから」と考えるようになった。私はそれから少し元気になった。

願いを叶えたいと思い、願いが叶うと信じ、そうしているうちに、向こうから来るものと自分が求めるものの差が見えてくる。そうすると最後の「魔法の杖」が与えられるのだ。

（4）願いとは自分ができること。

（5）願いとは将来ではなく今日のこと。

自分の願いを信じていない人は、願いが相手との関係で決まると錯覚している。でも願いを最後まで信じていると、願いとは自分のことなのだ、自分ができることが願いなのだということがわかってくる。

そして、さらに「こうなりたい」と思う願いは将来の事ではなく、今日のことだということもわかるのだ。

願いとは将来のことではなく、今日、この日のことなのだ。

それがわかった時には驚天動地。「そうかっ！」と私は思わず叫びそうになった。

「願い」は自分のことであり、それが実現するのは将来ではなく、今日一日の自分の行動なのだ。そのことに気づいた瞬間、私の願いは実現した。弱かった私の体も丈夫になり、なんとなく調子の悪かった人生も幸福なものに変わっていった。

このことはすでに昔の人が簡潔に表現している。それが「人事を尽くして天命を待つ」という諺《ことわざ》である。このあまりにも短い言葉では、複雑で悩ましい願いを持つ多くの人の助けにはならないかもしれないので、もうひとつの言葉を紹介したい。

「事の成る成らぬは天に任し、自分はひとえにその日その日の務めを全うすれば足る」

（新渡戸稲造）

私はいま述べたように、5つの杖を順番に貫っていくことが、願いを叶えることができる唯一の方法と信じている。

夢――人生を「たかが」から「されど」にする道具

夢をもって人生を歩くことができる。それはどんなに素晴らしいことだろう。そして「こんな夢をもって充実した人生を歩んだ人がいる」という話は飽きるほど聞いた。でも自分はそういう夢を持つことはできない。所詮、夢なんてものは特別な人がもてるのであって、自分には関係がない。

そう思うと、毎日はさらに灰色になる。でも夢というのはそれほど具体的なことではない。夢をもって生きた人の現実の話をそのまま見るのではなく、その話に潜む大切なことに目を向けるのだ。だからそれは同じではなく、少しずつ違っている。

私が好きな、夢に関する話でこういうものがある。

1970年、メル・フィッシャーという一人のアメリカ人が沈没したスペイン船の捜索を開始した。360年前に沈没した「アトーチャ号」は1000億円にもなる財宝を積んだままフロリダ沖で沈没したと記録されている。その財宝を見つけるのが彼の夢だった。どんなことでも紆余曲折がある。毎日、毎日、フロリダのヨットハーバーから出航し、海に出るのだから事故も起こる。捜索を始めてから5年目の7月20日、最愛の息子を捜索中の事故で失った。夢を追って何かをする途中に、大きな犠牲や不幸が訪れるのもまたよくあることで、まるで神様が夢を追い求めている人に、その人の心の確かさを試すように思える。夢を追うというのはそれほど簡単ではない。

最愛の息子を失ったメル・フィッシャーはそれでもめげずに数年後から再び沈没船の捜索を始める。毎朝、海図を拡げ、それまでしらみつぶしにやってきた海域のはずれに印を付ける。そこが今日の捜索海域である。

小さなヨットのとも綱をはずし、いよいよ本日の捜索を開始する。その時、メル・フィッシャーは好物のビールを小さなジョッキについで、こう言う。

「今日こそ、見つけるぞ!」

彼の顔は朝日に輝き、気負うこともなく、意気込んだところもなく、明るく笑いながらジョッキを傾ける。私の生涯で忘れることができない笑顔だった。私がフロリダで彼のその顔を見たのはいつ頃だったのだろうか……。おそらくは捜索を開始して10年程度、息子さんを亡くして5年後ぐらいだったと思う。

辛いこともあった、でも強固な意志の持ち主なのだろう。その顔は実に「屈託のない」顔をしていた。

「今日もやるぞ! 今日こそ見つけるぞ!!」

もう、10年も頑張って、それでも見つからないのに「今日こそは!」と言いながら笑い、そしてジョッキを傾ける。その口調はかなり真剣だが、顔は笑っている。

(そうだね……。10年もの時間をかけて、その間に息子さえ失っているのに、全然、深刻なところがない。自分の人生を賭けたことであっても、こんなに気軽にできるなんてすごいな。それにしても、よく毎日、毎日、同じようにヨットを出しても見つからないのに、こんなに気軽で陽気にやることができるものだ……）

　私はフロリダの海岸から出航していくメル・フィッシャーのヨットを見ながらつくづく感心した。その情景は今でも鮮明に脳裏によみがえる。そしてそのときの彼の笑顔が、時に失敗して落ち込んだとき、長いあいだ研究がうまくいかず気弱になったとき、私を力づけ、助けてくれた。

　彼はそれから6年ほど後、ついにスペイン船を発見して、当時で600億円相当の金塊を手に入れた。300年以上前に沈没した船でも、所有者に権利があるらしく、スペイン政府とフィッシャーで300億円ずつ山分けしたらしい。

　メル・フィッシャーは財宝発見後、わずか数年でこの世を去った。

　夢……。それは一体どういうものだろうか？

　あふれるほどの財宝を手に入れること、それは確かに魅力的であるし、ミルの夢もそのことに支えられている。しかし300億円という大金を手に入れても、それを数年で使い果たすことはできない。どんなに頑張っても人間は一日に10万円程度しか使えないだろうから、財宝を発見してから数年間生きていくだけなら一億円もあればおつりが来る。

　でも彼は幸福だった。手に入れたお金の99パーセントは使えず、さぞかし残念だったろうと思うかもしれないがそうではない。彼は満足して死んだ。

「お金」は使わなければ意味がない。たとえ目の前に金塊が山のようにあっても、食欲がなく、どんなに美しい服を着ても見てくれる人もなく、外出もできないとなればいくらお金があっても意味がない。そんな使わなければ意味のない財宝を使わないまま、この世を去っても彼は幸福だった。

言うまでもなく「夢」というものは「現実」ではない。それは人間の頭の中に生じる一種の幻想である。だから夢はそれが達成され、現実となった瞬間に終わる。夢から得られるものはないのである。だから現実は夢にならない。獲得してから楽しむことができるものも夢にはならない。結婚して一緒に楽しい家庭生活を送ることができる異性は、夢にはならない。「結婚することが夢」という人と結婚しても家庭生活は楽しくない。人間の頭の中の幻想とはそういうものである。

でも夢が大切なのは、自分が人間だからだ。人間という動物はむやみに頭が発達したので、「脳」が「肉体」から分裂してしまった。肉体は健全な生活を望んでいる。毎日働き汗をかき、そしてご飯を食べて寝る。私たちの肉体が快適な生を楽しむためには、身体を動かして疲れることが必要である。そうでなければ快適な眠りにつくことができない。汗をかかないと新陳代謝が進まないから爽快にならない。身体を動かさないとお腹が減らないから食事も美味しくない。

ところが脳は反対だ。身体を動かすのは億劫だからできるだけ楽をしようとする。そうすると身体は反抗して不眠症になる。汗をかくと洗濯をしなければならないから汗をかかない。そうすると毎日がどんよりしてくる。身体を動かさないからお腹が減らない。空腹は最高のスパイスだと言われる。その「最高のスパイス」が抜けているからそのぶん「美味しいもの」を食べなければ食事に満足できなくなるのである。

脳と体は分離している。

「夢」はそれをつないでくれる。夢自体にはなにも意味はない。しかしそれで人生の目標ができ、生活が明るくなる。一所懸命にやれば手足は動く。身体もそれで満足である。でも、夢は夢である。ゆめゆめ、実現することに期待しないことだ。夢は、獲得するために努力することに意味がある。獲得してしまえばそこで終わる。その夢が幻想であったことがわかるからである。

人生は無意味だ。「たかが人生」であり、生きる意味を見つけるのは不可能だ。でも人生は楽しい。「されど人生」である。人生を「たかが」から「されど」にする道具。その一つの道具が「夢」である。

人は「真実であって欲しい」と願うことを信じる

チャールズ・ダーウィンは一人の科学者として実に誠実味にあふれる人であった。その人柄はダーウィンの著書である『種の起源』の書き方そのものからも感じることができるが、ダーウィンについて残された多くの「逸話」によっても知ることができる。

ところで、ダーウィンの「進化論」は「ヒトはサルから進化してできたのであって、神に似せて作られたものではない」という事実を指摘したものである。「進化論」自体は科学の一学説であるが、人の価値観に直接関係することだったからその社会的な衝撃は大きかった。

だから、今日では多くの人に受け入れられているこの「進化論」も発表された時は、激しい非難がダーウィンに浴びせられた。歴史的に見てもこのような大きな発見で、人間の思想の変化を強いるものがスムースに世の中に受け入れられるはずもない。ガリレオは地動説を出して、社会からも宗教界からも反撃を受け、投獄されるときに「それでも地球は回っている」と呟いたという。いつの世でも先駆者は辛い。

ところで、「進化論」の時には、ダーウィンは一人ではなかった。反ダーウィン派に対して、ダーウィン派もでてきて、激しい論争が始まった。しかしダーウィンは学究派の人で論争や公の場所での演説などは苦手だったから、ダーウィンの友人で自ら、「ダーウィンの番犬」と名乗ったトマス・ヘンリー・ハックスリーが奮闘し、反ダーウィン派のキリスト教の牧師と激しく争う。

その論争の中には歴史的に有名な、1860年6月30日のオックスフォード博物館で行われた「オックスフォード論争」がある。反ダーウィン派にはイギリス国教会のサミュエル・ウィルバーフォース主教が代表格で、ダーウィン側はハックスリーである。

もちろん、反ダーウィン派の人たちは、ダーウィンが苦労したこと——世界中を回って動物を観察すること——などはしていない。狭いイングランドの周辺から自分の都合のよいように判断しているだけだ。知識に乏しく利害関係を重視する人たちと、事実を重んじる科学者との議論はたとえ話し合いの場がもてたとしても真実に近づくことはない。むしろ、だんだん感情的になり真実から遠ざかっていく。

ダーウィンはその著書の中で、「そう考えるのが嫌なことでも勇気を持って考えれば真実がわかる」と言っている。彼は、社会の人が「自分の先祖がサルだ」と考えたくないことはしかたないけれど、時には事実は自分の希望に沿わないこともある。そんなときには勇気をもって事実を見つめるのだと諭しているのだ。

ダーウィンは事実を数多く観測し、整理して考えを導くタイプの学者であった。彼が「動物は進化する」という事実を見いだすのには、ガラパゴス諸島の様々な動物の観察や、膨大な動物学の知見に基づいていたのであって、もちろん空想ではない。

そして「進化論」を発表してからの40年間でもダーウィンは自分の古いノートや様々な他人の観察を整理し、それを研究論文の形にして発表している。著書16冊、論文152編という業績はダーウィンが飽くことのない研究者であったことを示している。

「私の心は収集した大量の事実から一般法則を絞り出す一種の機械のようだ」とダーウィンは自らを驚いたように語っている。

1908年、ダーウィンが住んでいたイギリスのダウン（村）からわずか40キロメートル離れたピルトダウンという町から一つの人骨が発見された。発見したのは素人の化石収集家であったドーソンであり、その人骨の鑑定を行ったのがロンドンの大英自然史博物館の古生物学者ウッドワードだった。

この結果は発見から4年後に地質学会で発表され大きな反響を巻き起こした。このピルトダウン人の骨の特徴は、頭蓋骨が大きく口の当たりはサルの特徴を持っていた。サルとヒトとの間のこの人骨は、「サルからヒトへ進化するとき、まず頭脳の優れた特別なサルが誕生しその後だんだん体が変化してきた」とする当時の考え方を裏付ける人骨だった。

ダーウィンの言うように、ヒトはサルから進化したかもしれないが、やはりヒトはサルとは、「質」が違う。ヒトの最大の特徴は文化を生み出すその頭脳であり、そこにサルとは全く違う意味があると人間は信じたかった。そしてピルトダウン人が発見された地層は「更新世」のものでいまから実に200万年も前というのである。そんな前からヒトはサルとは違った生き物だった、そう思いたかったところにピルトダウン人が発見されたのだ。「ほら見たことか、やはりダーウィンは間違っていた」とイギリス中がわき上がった。人間はサルとは違う。人の頭脳はサルから進化したのではない。特別のルートでこの地上に現れたのだ、よかった、と人々は安心した。

この人骨は発見したドーソンの名誉を刻むために「エオアントロプス・ドーソニ」という学名が付けられていたが、発見から40年後、この骨は人間の頭蓋骨とオランウータンの下顎部を組み合わせた偽物だったことがわかった。インチキだったのである。

なぜ、そんな簡単なトリックを考古学者は見破ることができなかったのか？　それはピルトダウン人の骨は「事実」ではないが「人間の希望」とは一致していたからである。

「人は真であってもらいたい、と願うものを強く信じる」とフランシス・ベーコンは『ノヴム・オルガヌム』に書いている。ダーウィンはさらに言う。

「もしも故意に目を閉じることさえしなければ、今日の知識によって、人間の先祖からの系譜を書くことができる。それをわれわれが恥ずかしがることはないのだ」

現代、すでにあらゆるものが合理的になり、迷信がなくなり、科学が発達しているのだから、事実は事実として認められ、希望が事実になることはないと思われるがそうでもないのである。現代でも、人は「希望を事実と信じる」のであって「事実を事実と信じる」わけではない。

事実というのは実に難しいものである。目の前にあるものが事実であり、繰り返されるから事実だということもない。人間の目はある特別の条件の下にあるものが見えているだけで、見たものその物が真実ではない。太陽は毎日、東からでて西に沈む。どう見ても太陽は動いているし、毎日、繰り返される。でも太陽は動いていない……そんな例はいくらでもある。

ときに人は、真実を認めることは難しい。人は事実を信じるのではなく、希望を信じるようになった。でもそれだからこそ、人は無意味な人生でも楽しく、張り切って生きることができるのだ。

他人《ヒト》のことを第一にすると幸福になる

どうしたら幸福な人生を送ることができるだろうか？

ほとんどの人が一度や二度は考え、そして悩むことだろう。しかし、すでに「どうしたら幸福な人生を送ることができるか」はわかっていて、しかも「100人が100人、幸福になることができる」ということもハッキリしているのである。

「えっ！　そんなことがあるの？　幸福になる方法がわかっているの!?」

「ホンマでっか!?」と驚くだろう。

事実、世間を見渡すと不幸な人が多いのも事実である。なぜ「幸福になる方法」がわかっているのに不幸な人が多いのだろうか。

今から2500年ほど前にお生まれになったお釈迦様、2000年ほど前のイエス・キリスト、そしてソクラテスや孔子以来の多くの哲学者は、「幸福とは」について、すべて同じ事を言っている。そこで、ここでは私個人の考えはまったく挟まずに、彼らが「幸福について」語っていることをそのまままとめる。

（1）人生に目的はない

人間は頭脳が発達しているので、人生に目的を求めようとするが、実際には人生には目的がない。それを無理矢理捜すものだから、結果的に不幸になるのである。

（2）自分のことを第一にした人生は寂しい

愛情溢れたお母さんは別にして、普通の人は「自分がよくなりたい、自分が得をしたい」という事ばかりを考えているが、人間が集団性の動物である限り、自分のことではなく、他人のことを第一にすると人生は幸福になる。朝起きてから今まで、自分の事だけを考えていたのではないか？　そう思うことも、このことに気がつくのに役立つ。

（3）貧乏や病気はかえって幸福になるチャンスが多い

このことは説明するまでもないように思う。毎年数十億という金を得ていたタイガー・ウッズが女性問題を起こして記者会見した時の言葉は「お金を得なければよかった」というものであった。そして、人生を幸福にする唯一の方法は、「暇にならない」ということであると多くの偉人は口を揃える。

人生に目的はなく、他人のために動き、貧乏も病気もなんの問題もない……ただ、忙しいことだけが人生を幸福にする。

このことがわかると、「なんでも他人のために引き受ける」ということがもっとも大切であると気がつく。しかし人間はその発達した頭脳を持つがゆえに人生の目的がないと不安だ、他人のために働くのはばからしい、などと考えてしまうが、それは錯覚なのである。

何でも他人のために引き受けること、それを私は、「デディケーション（dedication／献身）」と言い、「優しいお母さん方式」と言ってきた。

何でも快く引き受ける、それも自分の損得とは関係がなく、時には辛いことも他人のためにしていると、自然に周りの人から信頼され、頼りにされ、好意を持たれ、連絡をしてくれるようになる。

その反対に「自分が得をしよう」と考えてばかりいると、多くの場合、他人はそのぶん損をしたり、イヤな思いをしたりする。長い人生ではそれが蓄積されるのである。

かつて私は「電話がかかってこない人は不幸になるだろう」と言っていたことがある。イヤな人間、やってくれない人間、面倒な人間には普通、人は電話をかけないものだ。だから「あの人に電話をしてみよう。なにかしてくれるかも知れない」と思われるような人間になりたいと願っていた。でもそれは「期待される」とか「頼りにされる」ということではなく、結果的には自分の人生が「暇にならない」という事だったである。

お掃除でも、お茶を出すことでも、文献を調べることでも、重たいものを持つことでも、病気の世話をすることでも、電車で自分は座らないで他人に座ってもらうことでも……自分の損得から離れれば他人のためにすることは無限にある。

それが結局、自分を幸福にする……そう偉人は教えてくれている。

なぜ、不幸な人がいるのか？　それは、「人生に目的を持つと幸福になる、自分が得になることをすると幸福になる、お金持ちで健康だと幸福になる」という錯覚を振り払うことができないからである。目的を捨てれば、自分の得を捨てれば、それだけで幸福になるのに、それは目の前にあるのに……残念なことである。

最後にパスカルの『パンセ』から言葉を引用しておく。

「我々の惨めさを慰めてくれるただ一つのものは気を紛らすことである」

不完全な頭脳《アタマ》で正しいことを求める不幸

若くして始めた反アパルトヘイト運動により国家反逆罪で終身刑の判決を受け、27年後に釈放された後もアパルトヘイト撤廃に奔走、１９９３年にノーベル平和賞を受賞した南アフリカ共和国第８代大統領の故ネルソン・マンデラさんが残した言葉に次のようなものがある。

「生まれながらにして肌の色や出身や宗教を理由に他人を憎む人は誰もいない。憎しみは後から学ぶものであり、もし憎しみを学ぶことができるなら、愛することも教えられるはずだ。愛はその反対の感情よりも、人間の心にとって自然になじむものだから」

人間とは不思議なものだ。もともと仲良く暮らせるのに、憎しみ合うことを勉強して脳で覚えるのだから。でも、これだけではない。心理学者のマーチン・セリグマンは次のような趣旨のことを言っている。

「人間は意欲満々で生まれてくるのに、教育や生活が人間から意欲を奪い去る」

人間とは不思議なものだ。もともと意欲満々なのに、それを失わせようとして必死だ。いや、そんなことはすでに2000年前からわかっていることかもしれない。イエス・キリストが言ったことをルカが次のように記録している。

いま飢えている人々は幸いである、あなたがたは満たされる。
いま泣いている人々は幸いである、あなたがたは笑うようになる。

人間とは不思議なものだ。飢えたり泣いたりするのが幸いなら、不満も不幸もない。イエス・キリストもお釈迦様も人間の本質をよくおわかりだった。そして私は次のように思うようになった。

社会は人を不幸にしようと必死になり、

人はまともになろうとして異常になり、
幸福になろうとして不幸になる。

憎しみの心を学び、意欲を削ぎ、贅沢を求める。社会は人を不幸にするために努力し、人は異常になるために真面目を装い、そして幸福なのに不幸になる。

人種差別と闘わなければならず、中国と韓国は日本を憎しみ、全国学力テストが子供の意欲を奪う。人は労働の楽しみを忘れて補助金を求める。戦争も、秘密保護も、政治は必死で人を不幸にしようとする。

ダイオキシンは猛毒だ、タバコを吸ったら肺がんになるなどと真面目ぶり、すでに十分に人生を楽しむだけの生産量があるのに自分の時間を持とうとはしない。まるで、憎しみ、意欲を失い、満足を捨て、他人を不幸にし、異常な生活で苦しみ、そしてそのまま人生を終わりたいと願っているようだ。

原因ははっきりしている。人が「不完全な頭脳」で「正しいこと」を求めるからだ。すでに2000年も前から「正しいこと」はわかっているのに、どうしてもそれが頭になじまない。すでに心は受け入れているのに。

今日一日生きられればそれで幸福

他人は一見、幸福に見える。だが、幸福の中にいる人にとってそれは一瞬に過ぎない。それが周りから見ると長く見えるだけのことなのだ。

幸福の先には苦悩の門がある。幸福は長くは続かない。その点、不幸には味がある。不幸の次には必ず幸福が来るからだ。

幸福そうな家庭生活を送っている人を見ると、うらやましく感じる人は多い。しかしそういった人も連れ合いに先立たれたり、子供が思うように育たなかったり、よい縁に恵まれなかったり、家庭生活というのは川の流れのように変化し、決して安定することはない。

強く愛する女性がいれば、それだけで悶々と苦しむ。愛すれば愛するほど幸福だが、愛すれば愛するほど苦悩は深くなる。たとえ幸運にも彼女と結婚することができたとしても、そのままの状態が続くわけではない。たとえばこんなことも起こる。

人間には動物としての本能と、ヒトとしての心が同居している。動物の本能が出れば、すでに獲得したメスに対してオスはプレゼントを贈ることはない。「釣った魚に餌はやらない」というやつである。メスにしてみれば急に冷たくなるということだが、これも人間が生物である限り仕方がない。

それでは幸福な人生というのはあるのだろうか？

それに対して、先達は私たちにある知恵を授けてくれている。幸福になる方法は次の2つしかないという。

(1) 不幸であること
(2) 今日一日だけを生きること

不幸であれば、もう不幸になることはない。なるとしたら幸福になるだけだ。幸福なときには不幸になることを恐れながら生活する。

多くの人は「最後の一日」をのぞいて、今日一日を生きることができる。今日一日生きることができれば幸福だ、と感じることができれば毎日は幸福になる。

これが偉人たちの回答だ。

おそらく人間という矛盾した生き物が「幸福」というものを手に入れるためにはこの2

つの鉄則を心の底から信じることなのだろうが、人間は自分と近いものと比較して自分が幸福かどうかを決める生き物である。決して「平安時代に生きた自分の前世」と比較しているのではない。

去年と比べてどうか、友人と比べてどうか……そんなことばかりに人は気に病む。

同級生が次々と内定を決めていく中、就職に何回も失敗しすっかりしょげている学生に、私はこう言う。

「大丈夫だよ。なんだったら、今日、名古屋の街に出てみたらどう？　道ばたで野垂れ死にしている人っていないよ。大丈夫だ。人間はうまくいかないときもあるけれど、野垂れ死にさえしなければ、よくなるときが来るよ。人間って、もともとそんなに何でもかんでもそろっている訳じゃないんだ。今までがよすぎたんじゃないの？」

学生は気を取り直して、背広を着込み、暑い夏の就活に出かけていく。

「気軽に行こう!」――ずぶ濡れの幸福

地球が誕生した時にはまだ地球も元気がよかった。若い地球はエネルギーがあり余っていたので、早い速度で回転、つまり自転をしていた。当時の一日は4時間と30分、実に夜は2時間少々しかなかったのである。寝る暇もない。

だんだん地球も歳をとって元気を失ってきた。そして地球が誕生してから46億年たった現在の一日は24時間である。朝、ニワトリがときの声をあげ、おもむろに太陽は昇り地上を明るく照らし始める。現代の一日、昼の12時間の始まりである。

中央アジアの放牧民がヒツジを追って山間の牧草地に出かける。これもまた太古の昔から変わらない風景だ。ヒツジの一群と羊飼いが通った狭い道路からほのかに土の香りがする。すべてがゆっくりと過ぎていき、そしてやがて夕暮れが訪れる。

牧草地に向かったヒツジの一群が同じ道を帰ってくる。同じように砂埃をあげてあの狭い道を家路につく。まるで映画のフィルムを逆に回すように単調で静かな風景だ。

ヒツジの通る道ばたに一軒の家があり、窓の前には小さな椅子が置いてある。朝と違うところは、その椅子に爺さんが座って一杯やっているところだけだ。夕暮れの爽やかな風、ヒツジの群れが巻き起こす砂埃、そして夕日で真っ赤に染まった空。その夕日に照らされて爺さんの頬は赤い。

爺さんが「人生の幸せ」を感じるのは、このような夕暮れ時だった。今日もまた一日が過ぎ、あたりは暮れようとしている。

夕暮れは危険でもある。あれほど穏やかだった山の端に突然として雷鳴がとどろき、驟雨となる。あたりは一変して慌ただしく、誰もが急いで身を隠す。赤く染まった空と穏やかな夕暮れも自然なら、驟雨に逃げまどうのも自然である。自然は優しく、厳しい。自然は人を守り、人を襲う。だからこそ、そこに人生というものがある。

江戸時代には天気予報などというものはなかったので、夕焼けなら明日は晴れと決まっていた。だんだん、科学が発達してくると天気予報というものが出てきたが、コンピューターや流体力学計算も未発達で、天気図をみて気象庁のベテランが長年の勘で明日の天気を予想していた。だから当たるはずもない。

昭和の初めは、「天気予報」というと当たらない代名詞のようになっていて、「そりゃ、天気予報だろ!」といってみんなで笑ったものである。そう、ラジオで放送される天気予報を聞くぐらいなら、下駄を放り投げて鼻緒が表になったら晴れ、裏になったら雨という占いの方がずっと頼りになった。

いまではアメダスや気圧をきめ細かく測定し、その膨大なデータをもとにコンピューター・シミュレーションで予測する。「雨の確率」もすっかり定着して朝の天気予報を聞かなければ外出もままならないようになってきた。

それでも、私は天気予報を見ない。

突然やってくる夕立、慌てふためいて見ず知らずの店の前に駆け込み、しばしの雨宿りをする。あの皮肉なイギリスの作家、バーナード・ショーの戯曲に『ピグマリオン』というのがある。最近では『マイフェアレディー・イライザ』という洒落た名前に変わっているが、雨宿りに逃げ込んだ数人の人たちが活き活きと描写されていて、いかにもショーらしく鋭い。

バーナード・ショーの戯曲に登場する女性は、みな少しお茶目だったり、どこか精神的に病んでいたりする感じなのだが、それはそれは魅力的で戯曲の中の女性なのについ惚れてしまう。『嵐が丘』のキャサリーンや『椿姫』のマルグリットに少し似ている。

思わぬ女性との出逢いが待っている、そんな風流な雨宿りは現代の日本では期待できない。第一、建築様式が違って「軒先」というものがほとんどない。ビルは道路から垂直に立っていて人が近づくのを拒否しているようだし、洒落たレストランの店先には雨宿りにはちょうどよい庇がかかっているが、怖いお兄さんがギョロッとした目で見るので、そこを借りることすらできない。

冷たいビルの壁に跳ね返されるのもイヤだ、レストランのお兄さんに睨まれるのもいやだ……結局、私はやけになり、土砂降りの雨の中を走るのを止めて、そして歩き出す。雨は最初、私の少ない髪の毛を濡らす程度だったが、次第に首から胸、そしてズボンの裾までに至る。

靴がズブズブしてくるのにもそれほどの時間はかからない。そしてそのころになると私は雨の中をずぶ濡れになって歩くのが楽しくなってくる。これが夏ならよかった……火照った体を冷やしてくれただろう。でもいまは11月の半ば、冷たい雨が私の体を冷やす。それでも家は少しずつ近づいてくる。

私は家の玄関に飛び込むと、ずぶ濡れになった靴と靴下を脱ぎ、なんとかタオルで体を拭き、そして凍えた指先でやっと風呂のスイッチを入れる。あと、15分の我慢だ……そうしたら……私は暖かい風呂の中に身を沈めて指先がジーンと暖まってくる幸福に包まれる。何年ぶりだろう、こんな幸福感は……。

人が幸福を感じるとき――。それは何かの拍子で食事がとれず、丸一日もたってパサパサになったご飯に昆布の入ったおにぎりを頬張るときであり、すっかり凍えた体を温めるお風呂に浸かったときである。

人に幸福を与えるのは、決して特別高価な「こだわりのおにぎり」でもなければ、外からスマホで沸かせる風呂でもない。お腹が減ること、体が冷え切っていても15分は待つこと、それが私たちに満足を与える。

現代の日本人は悲惨だ。どのように生活すればよいか、事細かにテレビが教えてくれる。もちろん万人に伝えるテレビだから、間違っても「ずぶ濡れになりましょう」などと言えない。それで風邪を引いた人から苦情が来るからだ。だから当たり障りのないことばかりになり、テレビに出演する人はみんな「良い子」である。

良い子の人生はつまらない。感激もないし、起伏もない。それなら最初から生まれなければよいし、生きるための努力も要らない。人は不幸があるから幸福がある、空腹があるから食事も楽しい、疲れるから寝る楽しみもある、生活が辛いから生きる価値もある。好きな女性に振られるからまたチャレンジしようという勇気が出る。

ところがみんな錯覚している。少しでも得で、少しでも平穏な生活を求める。そうすると毎日は単調になり、暇になり、「何のための人生か」と気持ちすら重くなり、ついには生き甲斐を見失う。

得をしようとしてはいけない。損することを恐れてはいけない。そうするとビクビクしてしまって面白くない。

気軽に行こう！　彼女にまずは愛の告白をしてみよう。成功すればよし、失敗したらヤケ酒もまた苦くてよいものだ。悔し涙に暮れることもできる。

出かけてみよう！　雨が降るかも知れない、電車が止まるかも知れない。ずぶ濡れになるのも、夜中に帰るのも、それからの風呂がよい。決して明日の寝不足を気にしないことだ。人間は一日ぐらい、寝なくてもどうってことはない。それより気に病む方が悪い。

私はずぶ濡れになる。反省するけれど、反省したら忘れてしまう。幸いなことに一時間前はもう戻ってこないし、昨日は昨日だ。忘れてもどうってことはない。

私の生涯の言葉となった、バスケットボール選手のひと言

ずいぶん前の話になるが、テレビの英会話番組をボンヤリと見ていたときだった。

アナウンサーがアメリカのバスケットボールの選手にインタビューしている。見るからにバスケットボールの選手らしい体つきと、私はスポーツマンですよ、と言っているような爽やかな受け答えだった。大きな身体なのにボソボソと話すその仕草もとても好感が持て、話の内容も比較的単純であっさりしていて、私の英語力でも十分に会話を楽しむことができた。

インタビューの半ばにアナウンサーがこんな質問をした。

「あなたがバスケットボールをする理由はなんですか?」

質問は月並みだったが、この答えは私が生涯、忘れることができない言葉であった。

「それはバスケットボールに対するdedication(デディケーション)です」

アナウンサーはこの答えに満足しなかった。アナウンサーが聞いたのは「なぜ、職業としてバスケットボール選んだのか?」という意味に近く、アメリカのバスケットボールのNBAに憧れたとか、小さい頃からバスケットボールが好きだったとか、そしてあるいはNBAに入ってお金を得て両親に贅沢をさせたいとか、そういった類の答えを期待していたのだろう。

それから見ると「バスケットボールへの献身です」というのは違う。献身(dedication)は「理由」にはならない。いったん、NBAに入り、ある程度年齢が経てば、欲得もなくなって献身したくなるのはわかるが、最初からバスケットボールに dedication するためにＮＢＡに入ったというのも本当か？

私がそう思った瞬間、はたしてアナウンサーは食い下がる。

「お聞きしたいのは、バスケットボールを選んだ理由ですが？」

と踏み込んだ。それでもその選手の答えは変わらなかった。

「バスケットボールへの献身です」

「献身？　dedication って何ですか？」

「はい、バスケットボールをすることです」

「はあ……？　バスケットボールをすることって⁇」

選手は答えた。

「私は、バスケットボールをすること以外は何も考えていません。なぜバスケットボールをするのかも、ＮＢＡのことも、契約のことも何も考えていません。ただバスケットボールをやっています……」

選手は椅子の上でその長身の体を二つに折ってアナウンサーに話しかけていた。穏やかに笑っている顔に厳しさは見られなかったが、それでもその姿には気品があふれていた。アナウンサーは「はあ……」と言ったきりしばらく黙っていた。

「バスケットボールへのデディケーションですか……それだけ、それだけですか？」

その選手の前で視聴者としての私も、そしてアナウンサーも凍り付いてしまう。その選手の言っていることはなにも驚くことはないことだけれど、私たちが遠い昔に忘れてしまっていたことである。

あなたは何をしたいのですか？　どの大学に入りたいのですか？　会社は？　結婚相手は？……すべては情熱的な答えか、やりがいや名誉、そしてお金などの答えが返ってくるはずであるし、それが正しいと思っていた。そして誰もが「お金ではありません。ただするこだけです」「名誉とかお金ではありません。ただ正しい政治をします」といってもまったく信じてもらえない時代である。

でもこの選手の姿勢、言葉使い、そして目の光り、それが真実であることは私にもはっきりとわかった。人が何かをしようとするとき、その理由はデディケーションだけで十分なのだ。そして試合に勝つとか、見事なゴールをいれるとかそんなことは問題ではない。ただバスケットボールをすることだけ、それ以外はなにもない、とその選手の顔には書いてあった。

私は爽やかな気分になり、英語を勉強していたことを忘れ、そしてこの選手の言葉が私の生涯の言葉になった。考えてみれば人間は利己的な生物だが、それでいて何かに身を捧げている時が一番、美しく、楽しく、充実している。それは決して自分のために行動している時ではなく、自分が産んだ子供、自分の教え子、科学、美術、そして社会、自分ではない何かに熱中している時が人間を幸福にする。

自分一人の生活では美味しい朝食を作るのは辛い。朝はボーとして過ごしたい。でも子どもに栄養のあるものを食べさせようと思うと、朝起きるのはなんということはなく、あれほどベッドから起きるのが辛かったのに、それも何ともない。あれも作ってあげたい、これもと思っている内に一刻は過ぎ、そして楽しい朝食の時間になる。

あとで調べたら、その選手の名前はピッペンというそうである。彼が大きな体を折りたたむようにしてインタビューに答えていた時のことが今でも思い浮かぶ。

人間はやがて死ぬ。そのとき「ああ、自分の人生はよかった」と思って死にたい。それは首相になるとか、社長になるとかではない。出世した人、何か大きな発明をしたほとんどの人は不幸である。当時の「世界」を制覇したシーザー、一大帝国を作り上げたナポレオン、転炉による革命的な製鋼法を発明したベッセマー、人類最初の空の旅をしたライト兄弟、そして「翼よ、あれがパリの火だ」といったチャールズ・リンドバーグ、みんな不幸な最期を遂げる。苦しみと妬み、襲ってくる不運と戦い、失意の内に死ぬ。自らの大きな夢を果たして幸福に死んだ人を捜すのは難しい。

それでは、よい大学を出て、よい会社に入り、裕福な生活をした……それは幸福をもたらすだろうか？　もちろん、そのような外形的なことだけで心の満足が得られる訳はない。息子がぐれてしまった、株で損をした、自分より能力が低いのになぜあいつは出世した……心の中が不満で渦巻いていれば、周囲に贅沢な革張りのソファがあり、超大型テレビがあっても幸福ではない。

出世とか、豊かさとは関係なく、自分が熱中出来ること、目標となることに巡り会い、愛する人に会い、社会に役立つこと、そしてその充実した時間を過ごすことができれば、人生は豊かになり、生きている幸福を味わい、そして満足するだろう。だから多くの人が熱中出来ること、自分が好きなことを求め、時に「自分探し」をする。

でも本当にそれだけだろうか？　このバスケットボールの選手はさらに深い人生を語った。それは、もちろん出世ではない（第一の見かけの幸福）、豊かな生活ができる給料ではない（第二の見かけの幸福）、熱中できる対象を見つけることでもない（第三の見かけの幸福）。普通はそれで最高なのだが、実は違う。

「すること」「生きること」である。バスケットボールをすること、それだけで自分は楽しい時間を過ごす。練習も、試合も、そして結果もその人にとっては何の関係もない。誰のためでもない、社会のためでもない、バスケットボールが価値の高いものだからでもない。ただ、すること、ただ生きること。それだけで人は豊かで幸せになれるのだ。

「献身」すれば幸福は向こうから来てくれる

中世ヨーロッパの小話にこのようなものがある。

あるとき研究熱心な若い僧侶が太陽を観察していると、太陽の表面になにやら黒い点が見える。そこでその若い僧侶は権威ある年寄りの僧侶のところに行ってこう言った。

「先生。太陽を観測していましたら黒い点が見えるのですが、あの黒い点はなんでしょうか？」

これを聞いた偉い僧侶は「ちょっと待ってくれ」と言って教会の中に入り、暫くして出てきて次のように言った。

「アリストテレスの書物を見たところ、太陽に黒い点があるということは書いていなかった。したがってその黒い点とやらは、君の目のシミだろう」

太陽の黒点を最初に発見したのはこの若い僧侶かも知れないが、そんな発見をも打ち消すだけの権威がアリストテレスにはあったのである。そのアリストテレス、実に1000年以上にわたって「真実」を決めてきた人なのだが、その人にもわからないことがあった。それは、「無限、因果、矛盾」である。

私たちが平穏で日常的な生活をしている時にはこの3つの疑問にはほとんどぶつからない。でも、「宇宙のはずれはどうなっているのだろうか？（無限）」「なぜ、私の郷里は名古屋なのだろうか？（因果）」「憎まれっ子が世にはばかる不平等はなぜ起こるのか（矛盾）」などと考える時、突然、アリストテレスも難問に遭遇する。

あの頭脳明晰なアリストテレスが考えに考えてもわからないことがこの社会にはある。人間の脳の容積は1500ミリリットル程度しかないし、この世のことが人間の頭脳の容積に合わせて作られているわけでもない。だから、当然、人間が理解できないことがあるのだ。

私は「人間には考えることのできる限界がある」という信念のもとに生きている。そしてその中でももっとも難解なものが「人生の目的」である。「人生の目的」について古今東西、偉人、学者、哲学、宗教、文学、そして最近ではテレビのコメンテーターまでが人生の目的について解説をしている。

これまで人生の目的について、もしかするとそれではないかと思われる答えを出したのは、お釈迦様、イエス・キリスト、そしてマホメットの三人だけである。

だから、この難解な問題の答えが欲しければ、三人の教えを学ぶのがもっとも手っ取り早い。でも三人とも宗教の教祖なので、どうも宗教を信じるのは抵抗があるという人はどうすればよいのだろうか？

受験勉強に追われている高校生に「なんでそんなに頑張っているのですか？」と聞くと、「よい大学に入りたいから」と言うだろう。そして「よい大学に入れば大きな会社に勤めることができるから」と続く。大きな会社に入り、組織の中でどのような仕事が待っているかを考えている訳ではない。

どんな仕事も生活も、よくよく考えてみると何か変わるわけではない。人間は呼吸し、食事を取り、睡眠し、そして働く。人は一日14時間ぐらいしか働けないし、能力が違うと言ってもそれほど違うわけではない。いくらプロ野球の選手が速い球を投げるといってもせいぜい、素人の2倍の速さである。

働く時間が2倍、能力が2倍程度しか違わないから、4倍しか違わない。そしてお米にしてもテレビにしても、人が働いて作る。その作ったものを分け合うのだから、一番少ない収入の人と一番多い人の差は4倍以上離れてはいけない。

つまり年収で250万円から1000万円の間に日本人の全員が入らなければならない。

それでこそ「同胞」と呼ぶことができる。人間は巧みなシステムを作ったり、ズルをすれば多くを儲けることができる。でもそれは他人が働いた分をかすめ取る行為だから立派な魂が選択することではない。

そうするとお釈迦様が繰り返し言っておられるように「人生は中庸」である。人生が中庸ということは「人生に目的はない」ということでもある。ほどほどの生活こそ幸せを呼ぶ。それはすでにこの難問の一つの解答なのである。

私はかなり若い頃から「目的」「目標」を置かないことにしている。私の性格では何か頑張っている方が楽しい。だから本来は「目標」が要る。でも、目標を置くと矛盾が拡大する。

そこで、私は「毎日を精一杯」という「やり方」に答えを求めた。毎日、精一杯やるが、その内容は問わない。強いて言えば「あまり自分の得になることはしない」ということだ。(「自分が損をすることはしない」ではないことに注意。普通と逆だからもう一度、読んで欲しい)

最近、2、3人の人と連れだってある仕事に出かけた。その仕事は私にとってほとんど「得」にはならない仕事だった。でも私は誠心誠意、頭を下げお願いした。その様子を見て同行した人はこう言った。

「武田先生は珍しい人ですね。自分の得にならないのによく頭を下げられますね」

自分の得になるように頑張ると収入が増えてしまう。そうすると満足も得られないし、不幸にもなる。でも、得しようと考えずに毎日を精一杯送ると、自分は満足するし、私に依頼された人は喜ぶ。八方、丸く収まるのだ。

仕事に家族に友人に、そして社会に献身すれば幸福は「向こう」から来てくれる。

第二章　仕事・お金

「水が低きに流れる如く」――何も考えずに動く

やることなすことすべてうまくゆき、緊張もなく肩も凝らない人生というものはどんなものだろうか……？　そんなことを若い頃、よく考えた。

この世の中を見渡してみると、なにをやってもなんとなくギクシャクした人もいるし、スムースに物事が運んで行く人もいる。いつもピリピリと緊張している奴もいれば、至ってのんびりしている奴もいる。

30代の頃、そういったいろいろなタイプの人が私の周りにいて大変勉強になった。その人たちを参考にさせてもらっているうちに「100発100中の武田」などと言われるようになったけれど、実はそれには先生がいたのだ。

「先生」と言っても学校に行っていたわけでもなく、その人が年上とか偉い人とかそういう意味ではなく、ともかくその人を見ているととても参考になるのだ。

物事がスムースに行く極意はなんだろうか？

大切なのはどうやら「とりあえず目標を置かない」ということらしい。「とりあえず」というのは、大きな目標はあるのだが、毎日、目標を意識している訳ではない。だいたいの方向が決まっているだけだ。

でも、毎日、目の前にしなければならないことが来るので、そんな時にとかく「これは自分にとって何の役に立つのだろう」とか、「これをやってもあまり得にならないのではないか」とくだらないことを考えてしまう。

物事がスムースに進む人を見ていると、「やらなければならないことは、なにも考えずにやる」というように見える。少し抽象的な表現をすれば「水が低きに流れる如く動く」と言ってもよいだろう。

朝が来ればやることは決まっている。顔を洗い歯を磨き、ご飯を食べ服を整えて靴を履く。歩いて駅まで行き、電車に乗ってつり革につかまり会社に出る。

なんということはない。辛いこともないし困難もない。

でも、人間だからついつい、朝起きたら「ああ、今日も行くのか」とため息をついたり、水道の栓をひねっては「冷たい！」と不満を言ったり、電車に乗れば席が空いていないかと探す。

スムースに行く人はそんなことは気にしないようだ。どうせ会社には行かなければならないし、冬になれば水道は冷たいし、電車だって立ってても死ぬわけではない。第一、そんなことを考えるから疲れるということもわかっている。

わかりやすくするため誰もが経験しているであろう朝の話を例に挙げたが、実は仕事でも家庭生活でも、もっと複雑な商売でもみんな同じことである。

今日、やるべきことをする。イヤとか辛いとか思いもしない。やらなければならないことは淡々とやる。そうしていくと仕事がドンドン、片付いていく。

外から見るとその人は仕事が速いのだが、よくよく見ていると仕事の速さは普通の人と変わらない。強いて言えば「すぐ取り組むし、途中で休まない」からそう見えるのかもしれない。つまり環境や条件をあまり気にせずにやってしまうのだ。

そのうち、その人は暇になる。人間のやることはそれほど多くはないということが、実際にその人を見ていると納得できる。

「目標のことをあまり気にしないで、目の前のことをともかくやる」というのが、スムースな人生を送るのには大切だ。

目標を意識しすぎると、とかく「損得」の方に意識が行く。大げさに言えばちょっとしたことも「こんなこと俺の人生にどんな役に立つのか？」という訳である。

ちょっと何かを取ってきたり、少し調べ物をしたり、頼まれてお得意さんのところに行くときに、いちいち「俺の人生」などと考えても意味がない。

朝、歯を磨くのに「今日、磨かなければどうなるか？」などと考えるムダと一緒だ。大学で学生と生活をしていると、そんなことをよく経験する。なにか学生に頼むと、すぐ「先生、何の役に立つのですか？」と聞いてくる。そんなことわかるはずもない。

もちろん、一つ一つを慎重に考えれば、あるいはやる意味もわかるかも知れないし、無理に理屈をつければつけられないこともない。

「やってみないと役に立つかどうかなんか、わからないよ」と答える。しぶしぶやることはやるが、学生は不満顔だ。どうやら、彼らが一日中、ボーッとしているのは「得になること」を探しているらしい。

ところで、ものごとがスムースに行っている人のもう一つの特徴は、「他人が決めた期限より早い期限を自分で決める」ということらしい。

考えてみれば誰もが期限に追われている。商売をしている人は支払期限に追われているし、学生はレポート提出期限だ。学者にとっては論文、主婦は夕食というようにみんな期限に追われている。

これも30代のときにある人に会い、その人の行動を見ていて気づいたことである。

ともかく期限より3日、4日前に仕事を終わっている。それから、一日10本ほど吸う夕バコをくゆらせてのんびりとしている。

あれから20年、今でもその時のその人の顔がハッキリと思い浮かぶ。タバコの煙がゆっくりと立ちのぼっていく様子も覚えている。

それからニコッと笑い、「さて」という風に腰を上げてタバコの火を消して次の仕事に取りかかる。次の仕事といっても平凡なサラリーマンにはそれほど自分で決める仕事もない。だから、溜まっていた片付けなどをしていた。すぐ、次の仕事が来る。「はい」といって彼は立ち上がり、そして同じように淡々と仕事を始めるのだ。

彼に会う前の私は「期限が近づかないとやる気が盛り上がってこない人間」だった。今から考えるといろいろなことが思い浮かぶ。たとえば、それまではどうも自分の人生でありながら他人の人生だったような気がするし、何をやっているのかわからないところもあったようだ。

他人に動かされる人生も悪くはない。その方が気が楽といえば楽だ。でも、いつもそれでは何となく自分の人生が自分のもののような感じがしない。ちょっとだけでも自分の時間を自分のものにするためには、自分で自分のことを決めた方がよいだろう。

そこで、私も彼を真似してみることにした。

やることにあまり意義を探さないこと、期限を少し早めて生活すること、この二つが気軽な人生を送るのに欠かせないことだとわかったのだ。

でも、決められた期限の少し前に、自分で期限を区切るということは、かなり多くの人がやっている。そんな人でも、一応、自分としての期限を決めたものの、頭の中にはもう一つの期限、つまり本当の期限が入っているのが普通だ。私も最初はそうだった。

たとえば、10月10日期限の原稿を、一応、10月5日に自分の期限を決めるのだが、そうはいっても自分の頭の中には「10日」という数字が入っていて、イザとなったら「最後の5日間の頑張り」に期待していたところがあった。

そんな覚悟であると、結局、ギリギリの9日になって慌てて残りを片付けることになり、大いに反省することになる。そこで、とにかくなにがなんでも一週間前には完全に仕上げるように覚悟を決めた。

「自分で決めた期限を守る」というぐらいはできそうな感じだが、不退転の決意で方針を貫こうとすると、思わぬ伏兵に遭うのは世の常だ。

まず、実際の期限がさらに先にあることがバレるとみんなが協力してくれない。

この世は「納得性」で成立している。「真実」とか「事実」、そして「希望」などは生活の中では見えない。自分の周りの人が「期限ギリギリでやる」という習慣がついていると、期限が近づかないとなかなか動いてくれない。期限に関係がなくても何か依頼すると、

「いつまでですか?」と聞いてくるのが常だ。その時に、本当の期日を言うとギリギリにしか回答が来ない。そうかといって、一週間前の期限を言うと後でバレたら信用を失う。「忙しいのに、何だあいつは!」と怒られてダメなのである。とかくこの世は住みにくい。もう一つ困ったことは、ギリギリになった方が最新のデータが入るということだ。内閣改造が行われるときに、閣僚名簿が発表されるまでは記事が書けないが、発表されたら大急ぎで書く……ということと似ている。

周囲の人を納得させても、「時」の前後はどうにもならない。ギリギリに仕上げた方がよいものができる。原稿でも雑誌でも校了の日は徹夜と決まっているのだ。

ところが、20年も「期限前」を貫いていると、こんな物理的なことも打破できるようになってくる。まさに「継続は力なり」と言ってよいだろう。

期限前に完成しようとすると、決まっていないところがある。そしてそれが決まると全体が逆になる場合もある。だから、決まらないまで動けないではないかと思うがそうでもない。「期限前」という原則を守って生活をすると、決まっていないのに動けるようになる。つまり「起こってからではなく、起こることを予想して動く」という決定的な進歩があったのだ。

考えてみると一週間先のことも何も考えずに毎日を過ごすのが普通の人たちだ。「期限前」にこだわる前の私もそうだっただろう。

でも、期限前にやろうとすると、結局のところどうなるだろう？　と考えないとダメだ。予想だから間違う時には間違うが、すこしでも直前に修正しなくてもよいようにするのだから、だんだん予想の能力が研ぎ澄まされて来るのである。

幻の疲労感——人間は疲れない

私と3人の学生が連れ立って電車に乗る。私は座席が空いていたらそこに座り、時にはパソコンまで取り出して仕事を始める。しかし、学生は座らない。彼らはドアの少し横に立っていてなにやら話し出す。学生にとっては多少、気が引けながら座席に座るより立っておしゃべりをしている方がなんぼか気楽で楽しいのだ。

おばさんは座る。人を押しのけても座る。人を押しのけて座った時にはすぐ目を閉じて頭を下げて眠る。「私は疲れているのだ。だから少しでも眠りたい」と周囲に行動で言い訳をする。

でも、そのおばさんも座らない時がある。それは「お仲間」とご一緒の時である。「あら奥さん、どうぞ座ってください」「いいえ、あなたこそ座って！」という具合になる。そして30秒ほどのやりとりの後、やっと座る人が決まる。「悪いわね、その荷物わたし持つわよ」となり、ベトベトしてくる。

おばさんは座りたいのだろうか、それとも座りたくないのだろうか？　疲れているのだろうか、それとも本当は元気なのだろうか？

サラリーマンは座る。朝、早く家を出る。時には妻に言われてゴミを出し、急ぎ足で駅までの15分を歩いてくる。職場に行くまでには電車を3本も乗り継がなければならない。昨日も仕事はきつかったし、今日も忙しいだろう。サラリーマンは万年、疲れているのだ。

でも、そのサラリーマンも座らない。「どうぞ、座ってください。私は平気ですから」といって自分の目の前の席を譲る。どうして？　と思って見上げると横には50歳ぐらいだろうか、そのサラリーマンの上司とおぼしき人が立っている。そりゃ、そうだろう。自分の前の席が空いても上司と一緒の外出だ、上司に席を譲らないわけにはいかない。

不思議なことがある。それは、席を上司に譲ると言っている時のサラリーマンの顔つきや姿勢だ。あれほど疲れ切り、激務に耐えているのに、その様子は微塵もないのだ。早朝のゆがんだ顔、曲がった背中はどうしたのだろうか？　彼は精悍な顔をして、背筋はピンと立っている。凛々しい青年の姿に変わっている。

彼が「疲れて」いると感じるのは「疲れて」いると思っているから「疲れて」いるのであり、本当は「疲れて」いない。睡眠不足と一緒だ。昼の活動でたまった血中の老廃物は4時間半の睡眠で解消する。どんなに精密に血液成分を測定しても、もう血中には老廃物は蓄積していない。つまり「睡眠を取る」ということが「疲れを取る」「血中にたまった老廃物をかたづける」という意味なら、4時間半眠れば爽やかである。

でも睡眠不足をすると一日中、ボーッとしている。それは身体が疲れているのではなく「昨夜は睡眠不足だった」という意識が疲れさせる。疲れは肉体的なものではなく、幻想なのである。

若いお母さんも座る。家庭を持ち、子供を育て、そして働く。一人三役をこなしているのだから疲れもたまるし精神的にもクタクタである。まだ三十を少し過ぎたばかりなのに電車に乗ると、つい空いた座席を目で追う。

朝、私はとある私鉄に乗っていた。2、3の駅を過ぎた頃だろうか、電車の中は比較的空いていて私の斜め後ろの座席が空いていた。立っていた人もいたけれど、まあそれほど座りたくないという雰囲気が漂っていて、誰もその席には座らなかった。

ドアが開いて数人が乗ってきたが、その中に丸い紺の帽子をかぶった可愛い小学校2年生ぐらいの女児を連れたお母さんが乗ってきた。彼女は素早く空いている座席を探し、そそくさとその前に来ると子供の背中を押して座らせた。女児はちょこんと座席に座ると、キョロキョロと辺りを見回していた。

お母さんはすぐ大きな紙袋を開けてその中を見たり、何かを取り出したり忙しくしていた。それを見ながら女児は相変わらず楽しそうに電車の中を見回している。お母さんにはやることがいっぱいある。まだ7時20分なのだからさぞかし朝も早かっただろう。女児の朝ご飯も、そしてひょっとしたらお弁当も作り、子供の持って行くものを揃え、自分もご飯をかきこんでお化粧もしてきただろう。

でもお母さんは元気そうだった。疲れているのだろうが疲れてはいなかった。なぜだろうか？

人間は疲れない。疲れるのは心であって身体ではない。体が疲れるように感じるのは何もやらなくてもよいからである。つまり、本質的には人間の体は疲れないのだが、「意味がないことはやりたくない」という思いが「疲れた感じ」となるだけである。

お母さんは女児に愛情がある。子供のためなら何でもやりたい、やりがいがある。だから疲れない。身体は疲れているけれど、それを感じないのではない。本当に子供のことをやっている時には疲れないのである。というより、むしろ疲れがとれると言ってもよい。

私たちが日常的に錯覚していることと違うので、もう一度説明しよう。

何かをやり始めると疲れる。でも同じ事をしても疲れは同じではない。やりたくないことをするとすぐ疲れるが、やりたいことならいよいよ体力的に疲れてくる直前まで疲れない。なぜなら「疲れ」は「疲れている」ということではなく、体の方が送ってくる「やりたくないものはやらない方がいいですよ」というシグナルだからである。

不味いものは食べない方がよい。臭いものは警戒した方がよい。それは人間の「味覚」や「嗅覚」というものが危ない食べ物から自分を守るためにあるからである。それと同じように「疲労感」というのは「やりたくないものには身体を使いたくない」というシグナルなのである。

お母さんはどんなに朝早く起きても、お弁当を作っても、自分が座らなくても疲れない。それは目の前の子供が楽しそうにキョロキョロしているからである。さらに言えば、人間というものは自分のためにやることは疲れる。人のためなら疲れない。

35歳脳死説――努力は出世のためでなく

4月に入社した新人が5月になって少し環境に慣れた頃、精神的に落ち込んだり体調を崩したりすることがある。5月病というやつだが、人生にはこうしたいくつかの落とし穴がある。

たとえば「35歳脳死説」というのがある。

大学を出て就職した直後は、平社員で上司の命令通り動けばよいのだから、楽なものだ。大学で習ったことなどほとんど役に立たない。常識の範囲で立派に仕事をこなすことができる。ところが、永久に平社員であることはまれで、30歳を少し過ぎた頃に、課長や店長など責任ある立場に立たされる。コンビニエンスストアなら、それまで「ハイ！」と「笑顔」でよかったのに、「何が売れるか？」を的確に判断することが必要になってくる。工場では生産設備を、研究では学力が、そして営業では人付き合い、見通しなどが求められる。

しかし、すでに10年もサボってきたので、急に要求レベルが高くなってもそれに応じることができない。そして、自分の力を見つめてみると「とうてい、求められるレベルに到達できていない」と感じるのである。

人間は生物なので「ダメだ」と思うとその苦痛から逃れられるよう全力を尽くす。それが「脳死」なのである。あれほど活発だった彼、いつも昼になるとみんなでわいわいと食事を楽しんでいた彼、その彼がひっそり音もなく席を立ち、肩をすぼめて歩き、黙ってひとりで昼食をとっているのである。

彼が楽になる方法、それは脳の活動を止めて死んだように生きることなのだ。だから食事をしても不味くなり、友人と会話しながら食べることなどは苦痛でしかなくなる。私はそのような人をよく見てきたが、平均的には35歳くらいでそういったことが起きている。「35歳脳死」、その後に来る50年の人生は灰色で楽しみはほとんどなくなる。ただ愚痴っぽい老人になっていくのを見て、哀しくなる。もし、やがて来るジャンプ……平社員から課長へ……の時のために準備を怠っていなければ、彼の人生は生き生きと活気に満ちたものになるだろう。

人生にとって出世というのは意味がない。それより人生が充実していること、それこそが自分の人生だ。だから、努力は出世のためではなく、自分の人生のためなのである。

節約と消費
――国家のお金と家計のお金は分けて考える

世界には約60億人を越える人たちが生活をしている。その一人ひとりは、それぞれ自分、家族、国家、そして世界を考えながら、それぞれの人生観や価値観に従って生きている。たとえばここに「節約が大切」と思っている人がいるとする。その人がなぜ「節約が大切」と思っているのかはハッキリしない。普通に考えると「お金を貯めたい」のか、「地球環境を考えてのこと」かどちらかだろう。でも、この二つは「個人の損得」と「地球環境」という全く違うものだからかみ合わないはずだ。

ある人（Aさん）が「お金を貯めたい」と思って「節約」をしたとする。昔なら銀行が発達していなかったので、節約して余ったお金をタンス預金していたかもしれないが、いまではほとんどの人が銀行に預けるだろう。

銀行に預けたお金は銀行の金庫に入っている訳ではなく、直ちに貸し出される。銀行預金の利子がどんなに少ないといっても、利子がつく。一方、銀行は町の一等地に店舗を構え、冷暖房や電灯をつけ、世間の平均より高い給料をもらっている銀行員が働いている。かなりの経費がかかるのでいくら利率が低くても、預金されたお金を運用しないとやっていけない。

かくして銀行はできるだけ金庫のお金を減らして貸し出ししようとするのは当然である。つまり、節約してお金を余し、それを銀行預金すると、そのお金はすぐ別の人が使う。銀行の本来の働きは、社会で余剰となったお金を預かって、それをお金が必要な人に回すことによりお金の効率的な利用をはかることにあるわけだから、社会の正常な働きである。

仮に一年ほど銀行にお金を預けたAさんが、銀行から引き出して自動車を買ったとする。そうするとAさんが節約したと思っているお金は、銀行から借りた人が使い、Aさんも使うので二度使われる。つまりAさん個人も節約したことにはならないし（お金を使う時期がずれただけ）、社会はAさんが節約した分だけ2倍の消費をすることになる。

Aさんは日頃から「私は環境が大切と思うから、タクシーに乗らずにバスを利用するのよ」と言っていた。彼女がタクシーに乗ればそれだけお金を使うので、預金もできなかったであろう。となれば排気ガスを発生する自動車を買うこともなかったはずである。彼女はいったい、何を考えているのだろうか？

かつて、たとえば江戸時代だが、貨幣経済が発達していない頃、特殊な場合には本当の意味での「節約」は可能であった。たとえば、薪《たきぎ》が足りないとき、少し寒いのを我慢して囲炉裏にくべるのを少なくするというようなケースである。それでも、もし自分の裏山が充分に大きければ、むしろ積極的に薪として使った方が裏山を守ることもある。

ただ、貨幣経済ではないので、「使わない分だけお金が余る」という事はない。使わない分だけ「物」が余るので、それはまた別の機会に使える場合があるということになる。

この話は主婦の方はピンと来ないかも知れない。主婦の方は普通、毎日、節約の連続で、少しでもムダ使いを少なくしようと努力されている。でも貨幣経済のもとでは、「ムダを少なくする」というのは「より多くのものを買う」ということを意味しているから、家庭としてはよいのだが、環境を良くするということにはつながらないのである。

「個人が節約すると、社会全体での消費が増える」という奇妙な現象は「合成の誤謬」という難しい言葉で説明できる。貨幣経済のもとでは、一人の人がやる目的が、全体としては逆の方向になることが多く、それは経済学ではよく見られることでもある。

では、なぜ政府や官僚、そして識者と呼ばれる人が「環境を良くするために節約に心がけましょう」と言うのだろうか？

まず考えられることは、国民が節約するとそのお金が政治家や官僚に入るからかもしれない。

つまり、かつて（たとえば、戦後や高度成長時代）は国民が節約したお金は銀行を通じて民間の企業に行き、そこで国民が欲しい製品を作ってくれた。つまり、普通は「節約すると、そのお金で企業が自分の欲しいものを作ってくれる」ということになる。銀行はその仲立ちをして社会に貢献していた。

簡単に言うと、ある人が１００万円を預けると、企業が１００万円を借りて、１２０万円で売れるものを作り、自分は10万円を稼ぎ、銀行に１１０万円を返し、銀行は５万円をとって、その人に１０５万円を返すという具合だ。これなら、預金した人は５万円、銀行も５万円、企業も10万円と全員が喜んだ時代であった。

ところが今から25年以上前にバブルが崩壊して、成長が止まった。経済成長の時代に１００万円借りていた企業が（簡単に言うと）いなくなってしまったのだ。同時に「環境の時代」になり「もったいない、節約しよう」という人が現れた。かつて１００万円を銀行に預けた人は節約して１５０万円預けるようになったのだが、借りる企業がいないので銀行にお金が留まるようになる。

企業は経済成長が止まるだけでも困るのに、「節約ブーム」で、１００万円貯金していた人が１５０万円貯金し50万円を残すようになったので、それだけ売り上げが減って、お金を借りて増産するどころか、事業を売らなければならない事態になる。

この150万円が一年もただずに引き出して使ってくれるとまだ何とかなったのだが、「年金不安」と「環境を悪くするから」ということで預金を下ろして消費することもしなくなったのだ。

そうすると、銀行にお金があふれたので、まず金利をほとんどゼロにしたのだが、それだと銀行が赤字になる。そこで銀行の首脳部が政府にかけあって「余ったお金で国債を買いますから、国債を出してください」と言う。最初のうちは政府も「赤字国債になるからダメ」などと言っていたのだが、企業が借りない分は政府が借りないとお金のつじつまが合わないので、赤字国債を発行し始める。

これでとりあえず日本のお金のつじつまは合うようになった。国が赤字国債を出して銀行がそれを買い、国は一年に5万円の利息を銀行に払う。もちろん、国の仕事は福祉にしても教育にしても（お金を配るだけのことで）赤字だから利息に払うお金も国債を売って何とかする。

つまり「国民が節約し、企業が借りなくなったので、国が国債を出して借りる」ということが25年間にわたって続いてきたのである。国に集まったお金は、（1）お役人の給料や国の施設、（2）天下り先の給料（天下り先には国債のお金が行く）、（3）箱物行政で施設ができる（八ッ場ダムのようなもの。半分がムダで、半分ぐらいは国民のためになる）、（4）ムダな補助金を配る（たとえばバイオ燃料開発に6兆円を出し、すべて失敗して失う）などとして消えていった。

そしてついに、国の負債が1000兆円に近づいたので「財政健全化」のために消費税の増税を行う。つまり、国民が節約したお金は国に渡り、政治家やお役人本人や、彼らと親しい人のところにいったが、なにしろ効率の悪い仕事に使われるので、半分ぐらいはムダに消えていったのである。

たとえば節約して150万円預金した人はどうなるかというと、国がその150万円を借りて、半分は役人の天下りなどに使い、半分は預金した人も利用した箱物（公民館など）を作り、そこに働く人の給料を払い、冷暖房費で消えていくのである。簡単に言うと、150万円のうち、100万円を捨て、50万円ぐらいを公共サービスとして受け取ったということになる。

かくして国民が節約したお金は政府が使ったので、環境という面ではなにも変化はない。つまりこの場合も「節約」は「環境を改善する」事にはならないのである。

さらに、国の借金（厳密には政府の借金）が増えたので、「財政再建」のために消費税を増税すると、消費は冷え込み、ますます不景気になり、政府に親しい一部の人を別にして国民総貧乏化が進行中ということになる。

でもお役人は裕福になる。なにしろバブルが崩壊してから25年。国民に節約さえ呼び掛ければ赤字国債を出してお金が入ってくるし、赤字国債が貯まるので、それを補填するためにさらに消費税を上げればまたお金が入ってくるからである。奇妙なことだが、「善意で節約をしてきた人はずいぶん日本国民を苦しめました」とも言えるのだ。「環境のために節約を呼び掛ける」というのは「お役人がお金をもらう」ということでもあったようだ。

お金のことを考える時には、「国家」と「家計」を分けることが大切だ。「国家としては……すべきだ」ということと、「自分のお金は……しなければならない」というのは違うからだ。経済学者は国全体のことを考えているので、「国家はこうすべきだ」という話が多いし、それでよいのだが、「では、個人は?」と聞くと「まずは国家だ」ということになる。しかし、国家がまともになるには時間がかかり、そのうちに自分の人生が終わってしまう、少なくとも「人生を楽しむ時期」を逸してしまうので、とりあえず、「現在の社会ではどうするか?」ということと「社会が改善されたらどうするか?」を分けておいた方がよいことになる。家庭のお金を考える時に、第一にお金の流れが、当面、

（1）現在の社会があと5、6年は続くこと
（2）民間の活力がないのでお金が余りそれが国債になること
（3）国債を償還（返す）するために国は増税を続けること
（4）増税のもともとの責任は国民にあるけれど、国民がお金を借りたくなるのに時間がかかること
（5）ややデフレ傾向で進むこと（お金を持っている方が得）

であることを理解しておくべきだ。

つまり、日本経済はじり貧になるが、お金回りがバブル崩壊してしばらくした状態の2分の1ぐらいになるまで、国民の不満は爆発しないから次の時代には行かないであろう。

もう一つは「年金と相続税」の関係だ。こちらの方は、

（1）年金は少ししか払われない
（2）相続税は高くなる
（3）だからよくよく自分の寿命を考えて老後の計画を立てる
（4）その結果、ある程度、質素な生活をしなければならないし、それは結果として消費

を促進するので環境的にもよくないけれど、仕方がない
（5）貯めたお金の半分ぐらいは返ってくる。後はお役人とかの腰巾着に使われてしまう
（6）もっとも良い方法はお役人の腰巾着になって、多くの人が貯めた預金（国債）、税金（消費税）を食い物にする（道徳的にはダメだが、個人としては成立する）
（7）次に良い方法は「優しいお母さん方式」（自分の身を捨てて近い人に献身する）

ということになる。

政府が本当に国民のことを考えてくれればよいのだが、そういう時代ではない。税金は財務省のお役人の出世に、年金は厚労省のお役人の隠れ蓑に、環境関係のことは環境省のだましに使われるだけだが、これも国民との力関係なので、今のところやむを得ないというところであろう。

しかし救いはある。「まだ、日本は世界一強い」ということだ。それは「円の相場」を見ればどんな理屈よりハッキリわかる。確かに「ドルをもらっただけ円を刷れば円が下がる」というのも確かだが、円を刷らないことそのものも含めると、「円が高い間は日本は大丈夫」ということでもある。

人間というのは自分の収入が2分の1になるまで暴動を起こさないものである。これは

日本ばかりではなく諸外国でもほぼ同じで、我慢できる範囲は我慢してしまうのが人間というものなのだ。

もともと財産は、現金性、他人性（株、献身）、物質性（ゴールド、土地）の3分割方式がよいのだが、当面は現金性のものをやや多くし、徐々に他人性、物質性を増やして次の時代に備えるということだろう。

心を持たない人間が大好きな言葉「コストパフォーマンス」

かつてサスペンス映画の神様といわれた、アフルレッド・ヒッチコックという映画監督の作品の一つに『ハリーの災難』がある。主演女優のシャーリー・マクレーンの魅力にとりつかれたということもあったが、私が最も好きな映画の一つだ。

ストーリーはともかくとして、子連れの独身女性、マクレーンに好意を寄せる若い画家の絵がある大富豪に売れる。その場面で、大富豪がその絵を手に入れる代わりに「なんでも好きなものを贈る」と言う。

画家に促されてマクレーンが「じゃ、イチゴを一箱」という。大富豪はなんでもお金で換算するから「えっ！　イチゴでいいの？」という顔をしてそれをメモする。

たとえば秋の一日、素晴らしい紅葉の中で目を覚まし、紅茶を飲む。午後になるとマッフィンと紅茶、そして少しのイチゴをいただく。至福の時だ。

たとえば秋の一日、素晴らしい紅葉の中をフェラーリを駆して街道を行く。となりにシャーリーが座っていれば最高だ。

イチゴ一箱3000円。フェラーリ一台3000万円。「値段」には一万倍の差があるが、その一瞬の人生の価値はどちらが上とも言えない。

「値段」というものは、作る側で決める。もし、人間がすべて同じで、すべて同じ価値観、思想、気持ちを持っていれば、値段に応じて価値があるだろう。でも、「製品」が千差万別であるように、人間は一人として同じ人はいない。だから、その人、その人で何が幸福かそうでないかが決まる。

時々、「お宝もの」のテレビを見る。まったく値段のわからない骨董品に「本人評価額」というのと「鑑定人の正しい価格」が示されその差に一喜一憂する。味わいある番組だ。

本人が200万円と数字を掲げる。鑑定人がじっくりとそのお宝を見た後、おもむろに

「2万5000円!」という数字が電光掲示板に出て、会場は大爆笑。テレビの収録会場にいる全員が、「ああ、価値がなかったのだな。可哀想に」という顔をしている。

それもそうだが……と私は思う。おそらく、そのお宝のお値段は200万円なのだろう。もともと、すでに古い時代に作られたもので、コストがどうとか輸送賃がいくらという問題ではない。そのお宝の価値は人間の心が決める。

1億2000万人の日本人が決めれば2万5000円というのだ。それは鑑定人が言うのだから正しいのだろう。でも、国民全体が決めた値段イコール「本当の値段」ではない。もう一つの値段の決めかたは「本人が決める」のであり、それは200万円だ。誰がなんと言っても、そのお宝は本人にとっては200万円の価値があるのであり、他の値段ではない。

若い頃、私はこのことを訓練しようとした。本当はレストランにいって「値段を見ないで自分の食べたいものを食べる」ということができればよかったのだろうが、貧乏な私にそれはできなかった。そこで一計を案じて、電車の切符で訓練をすることにした。

電車に乗ってある駅まで行こうとするとき、190円くらいだろうとか350円くらいかなという大体の目星はつく。そこで切符売り場の運賃表で確かめて、必要な金額を入れるというのが普通だ。しかし私はそのときに値段を見ない。190円であろうが350円であろうが、とりあえず５００円入れる。これもなかなか難しい。これから行くところは自分にとって１９０円払う価値があるだろうか。それとも一万円の価値があるのだろうか？　そう考えて切符を買う。

この訓練がどのぐらいの効果を上げたのかわからないが、私は徐々に「自分の人生で自分にとって価値のあること」が見えてきたのは確かである。そして、「値段」というものは商品につけられている値段ではなく、自分が考えた値段が商品につけられている値段より高ければ「買うことができる」ということなのだとわかったのである。

３００円のランチがあると聞くと「どんな味なのか」と食べてみることはある。でもそれは値段で食べているのではなく、自分の興味で食べる。それはまたそれである。

この世には「平均的値段」が横行している。また「コスト・パフォーマンス」などという「心を持たない人間の用語」も使われる。でも、そんなものは関係がない。

つきるところ、「手鍋下げても」なのである。愛する人と一緒になれるなら、炊事の大変さや貧しさも苦にならない。人生で不幸なのは、「黄金の手鍋」を買うことができても、「手鍋下げても」と思うことができないことだろう。

コツコツ貯めたお金で遊んでも楽しくない理由

倹約してやっと貯めたお金が手元にある。思いがけなく小金が手に入った。そのお金で人生のささやかな幸福を味わうことができれば……と願う。でも、お金の使い方というのはけっこう難しい。それにはゲルマンの人の話が参考になる。

「ゲルマン」という文化はある時、ヨーロッパの北の方に誕生した一つの文化である。気候は寒冷だが森林に恵まれ、土地からとれる作物と森や河の動物を恵みとして生活した人たちの素朴で男性的な文化だ。時代は中世ヨーロッパだから今から500年ほど前と考えればおおよそ間違いではないが、その印象は日本で言えば縄文時代のようである。

ゲルマンの大地に広がる大きな麦畑を持った地主と、そこで働く10人ほどの小作農夫がいた。農夫たちは毎日、丸太で作られたこじんまりとした家で妻が作ってくれた温かいスープをすすり、それからやおら立ち上がって動物の毛皮の上着をはおり、鎌を抱えて家を出るのだった。

この時期の仕事は麦刈りである。いまの時間で言えば朝の9時頃から刈り取りを始め、おおよそ2時頃には終わる。途中、短い休憩とちょっとした干し肉をかじるほかには特に休みもとらない。相棒との朝の挨拶、短い休憩の時に交わす言葉、そして仕事が終わって傾いてきた日の光の中を仲間と帰る道……毎日、毎日、同じように進み、そして時が流れ、冬になる。

そんなある日、地主が「新しい鎌」をもって農夫の前に現れて、言った。

「お前たち、南から来る行商人が新しい鎌を持ってきた。いま使っている鎌よりずっと固い刃でできているし、切れ味も鋭い。だから麦を刈るのもずいぶん楽だ。それに、刃も長いから一度に刈る麦の量も多い。仕事は楽になるし、時間も短くてすむ。今日から、この鎌を貸し与えるから、これでやってくれ」

地主はその鎌を農夫に配りながら、昨日まで9時から2時まで麦を刈って3マルクだったが、新しい鎌を使えば刈る量が増えるから4マルクにしてやる、と得意げに言った。それを聞いた農夫たちはあまりうれしそうな顔をしない。いぶかる地主。地主にしてみれば今まで3マルクしか農夫たちに与えられなかったのに、新しい鎌を仕入れて4マルクになるのだから、大いに喜んでくれると疑いもしなかったのだ。

しばらくして、農夫の一人が、「旦那さん、一つ相談があるんだが……」

「何だ、言ってみろ」

地主に促されて農夫は重たい口を開いた。

「旦那さん、わっしらは3マルクで結構だで、その分、早く帰らせてはもらえんだろうか？」

地主は驚き落胆した。農夫の稼ぎは3マルクから4マルクになるし、自分は収穫がそれだけ多くなるのでお金儲けができる。何の問題もないと思っていたら、意外な答えが返ってきた。バカな農夫だ、と苛立った地主は、

「3マルクより4マルクの方が多いのだぞ。それだけ生活が楽になるのがわからんか？」

「旦那さん、わっしらは毎日、3マルクで十分やっていけるで……」

「ふむ、毎日のことしか考えていないのだな」

地主はそう言うと、この目の前のことしか考えられない農夫たちをどうしたら説得できるか思案をした末に、「そうだ」とばかり勢い込んで言う。

「わかった。お前らは3マルクで生活はできる。それはわかった。だが、4マルクあれば、その差額を貯めておけば時には町に繰り出して遊べるぞ。町には酒もあるし、女もいる。それはそれは楽しいぞ」

農夫たちはそれでも怪訝な顔をしている。いつもは酒好きで赤ら顔、そして時には卑猥な話で笑い転げている奴らだ。町に出たら酒もあるし女もいるといえば、納得すると地主は思ったのだった。

「旦那さん、やっぱり止めときます」農夫は言った。「あっしらは3マルクで十分でがす。そりゃ、あっしらもたまには町に遊びに行きたくなるが、それは、えーっと、お殿様からお恵みをいただいた時でがす」

「なんでだ。もし毎日1マルクずつ貯めておれば、お殿様にもらわなくても町に行けるのだぞ」

そこで農夫が放った言葉は極めつけの名言だった。

「へえ、でも貯めたお金では面白く遊べねえんですよ。フイにもらったお金じゃないとダメなんでがす」

私はこの話を読んだとき、ひっくり返るぐらい驚いた。

そして自分の人生がまったく間違っていて見当はずれだったことを悟った。確かに「貯金したお金」というのは、使うときにそのお金を貯めるときの苦労が思い出される。だからそのお金で行く旅行の景色は曇り、お酒も美味くない。人間は毎日の生活ができる程度の賃金をもらい、そしてたまにいただくお恵みで遊ぶのが一番幸せなんだ。

そういえば私もそうだ。私の脳裏にこれまでお金を勘定しながら遊んだ時の光景が浮かんでは消えていった。

お金というのは奇妙なものである。少ないと困る。多いとまた困る。お金があったからといって幸福になるわけでもなく、だからといって足りないと辛い。

江戸末期に日本に来た欧米人の一人に、スイスの遣日使節団長アンベールがいる。彼は日本の商人と庶民を次のように記録している。

「若干の大商人だけが、莫大な富を持っているくせに更に金儲けに夢中になっているのを除けば、概して人々は生活のできる範囲で働き、生活を楽しむためにのみ生きているのを見た」

まだ人間が「機械」にならずに本来の人間だった頃、毎日金勘定に明け暮れる下賤な人たち、大商人だけがさらに金を儲けようとしているが、庶民は生活ができればよく、生活を楽しむために生きている。それ以外の生きる理由はあるだろうか？

私はこんな風に思う。現代の日本で年収６００万円以上の人は偏執狂である。自分や家族が楽しく生きるのに600万円以上は要らない。お酒好きの人なら肝臓病になるだけである。かつて庶民はささやかな晩酌と共に一日を終え、それで十分満足していた。

現代の日本において酒類販売企業は国民全員をアルコール中毒にさせるまで販売を続ける構えだし、国民も飲み代ぐらいは家計に響かなくなったので歯止めがきかない。

今からわずか40年前と比較して日本人は約2倍のアルコールを飲むようになった。与えられるものを拒む自由すらなくなったように見える。

一代で財をなした松下幸之助が亡くなったとき、彼の元には2750億円の資産があったという。いったい、何を目的としてそんなに莫大なお金をもらっていたのだろう？ 松下幸之助は好きだが、彼の財は彼が「神様」と呼んだお客様から集めたお金である。それを使え切れないほど取っていたとすると、私の彼に対する尊敬の念も薄らぐ。

古代、キリスト教は中東で誕生してローマに広がり、そしてゲルマンへと移った。彼らは最初、木で教会堂を建築した。そしてすぐローマの石の技術を習って礼拝堂をつくる。ゲルマンの人たちは石のドームから生まれる反響と残響に神の声を聞いたのだった。

そして現在では、建築様式も、そしてキリスト教自体も少しずつその本来の姿から離れ、礼拝堂を埋める人たちも人間としての心を失いつつあるように感じられる。

手元にある小金、これまで少しずつ貯金してきたお金、それでなにか楽しもうとか幸福になろうということ自体が無理なのかも知れない。私たちは動物である。毎日、呼吸をし、食事を楽しみ、ゆっくりとした夕暮れを味わって寝床につく。それは何よりの幸福であり、人生ではないだろうか？

でも、私たちの頭は洪水のように襲ってくる情報に惑わされ、「お金は多い方がよい」と錯覚する。そうではない。お金には「これが一番よい量」というのが決まっているのではないか。それがゲルマンの農夫なら一日3マルク。私たち現在の日本人ならどれくらいだろう？　いま、手元にあるお金より少なくてよいことは間違いない。

中村修二氏の8億円
——科学者にとっての「正当な報酬」とは

10年以上も前の話になるが、後に青色発光ダイオード（ＬＥＤ）を開発してノーベル賞を受賞することになる中村修二氏が、かつて働いていた会社を相手に起こした訴訟で勝訴したとき、新聞やテレビがいっせいに「中村修二さんおめでとう!!」と報じた。

その当時の新聞記事の概要を以下に紹介する。

「ノーベル賞級の発明とされる青色発光ダイオード（LED）を開発した米カリフォルニア大サンタバーバラ校の中村修二教授（49）が、かつての勤務先で、青色LEDの特許権を所有する日亜化学工業（徳島県阿南市）に対し、発明に見合った対価の一部として200億円の支払いなどを求めた訴訟の判決が30日、東京地裁であった。

三村量一裁判長は『充実した研究部門を備えた大企業と異なり、小企業の貧弱な研究環境の下、個人的能力と独創的な発想で世界的発明を成し遂げた、職務発明としては稀有な事例だ』と述べ、『発明の対価』を少なくとも604億円と認定した上で、請求通り200億円の支払いを命じた」

中村さんはそのときはカリフォルニア大学の教授であったが、もとはサラリーマンだった。中村さんがサラリーマン時代の研究——青色発光ダイオード——が成功して会社は全部で1200億円、中村さんが直接関係した部分では600億円も儲けた。だからその3分の1は中村さんのものだという判決だった。

裁判は会社側が控訴して高裁に上がり、結局、約8億円少しで話し合いがついた。中村さんは少し不満顔でテレビの会見に応じ、「会社で働く技術者の励みになれば」とご自分はお金が欲しかったわけではない、技術者を代表してお金を獲得したのだと言われていた。

現代……それは「お金まみれの幻想に浸かっている時代」と後世の歴史家は評価するだろう。もし「一万円と10万円のどちらでもあげる」と言われたら、「10万円」と答えることは、現代人にしてみれば考えるまでもない常識だろう。「明日、休んでもよいし、会社に出てきてもよい」と言われると休む方がよいに決まっていると思う。

でも、日本人が「働くより休む方が得」「お金をもらうなら多い方が得」という感覚を持つようになったのはそれほど前のことではない。少なくとも江戸時代には少数の商人を除いて「普通の人」は生活ができるだけのお金があればよく、仕事を何時に止めるかは本人が決めているのだから「終業のチャイム」は鳴らなかった。

いまでは「働く方が正しい」「勤勉は善」という幻想があるので、定職につかないフリーターはケシカラン！　ということになるが、江戸時代は8割方がフリーターだった。江戸時代は「働くのは人生のためだから、働く時間はできるだけ少なくして、人生を楽しもう」という考え方であり、現代は「人生は働くためにあるのだから、際限なく働き、際限なくお金を儲けよう」という考え方が主流である。

お金を儲けようと思うと、それが目的化される。それが前述のアンベール言うところの「莫大な富を持っているくせに更に金儲けに夢中になっている大商人」であり、人々は「生活のできる範囲で働き、生活を楽しむためにのみ生きている」のである。だから終業のチャイムは鳴らず「満足できる程度に完成したとき」に仕事を止める。それなら仕事はイヤではない。

このような人生の考え方は中世ヨーロッパのゲルマン民族の社会と同じで、「生活に必要なだけのお金でよい」「働くことは大切なことだ」という考え方だった。むしろお金が多い方がよいというのはここ200年ほどでできてきた特殊な考え方なのである。

さて、中村さんの8億円に話を戻そう。

私なら8億円はいらない。私は研究に失敗することがあるから。

私なら8億円はいらない。私の研究は営業も含めて大勢の人に支えられているから。

私なら8億円はいらない。私が研究を始めたとき、成功するかどうかわからないとき、私はお金を出さず、会社がお金を出してくれたから。

私なら8億円はいらない。私はいまのお金で生活ができるから。

私なら8億円はいらない。私の人生はお金では変わらないから。

人間はその人によって考え方が違う。だから中村さんは8億円を求めたが、私はいらなくてもそれはその人、その人の考えで、どちらが正しいということはない。思想の問題だから。目の前に8億円が積まれたら自分ももらうだろう。でも自分から請求はしない。

中村さんは「技術者の励みになる」と言われた。だけれども私は「お金がもらえれば技術者は一所懸命やる」とも思わない。それは社会観や人生観が違うからである。

ところで、この8億円の話をすると中村さんという立派な技術者を非難することになるので、迷ったのだが、その上で私が中村さんの話を書こうと思ったのは、社会が「技術者は金で動く」と思われたらと心配したからだ。

会社に入って研究者の生活に入るとき、（中村さんは違ったかも知れないが）、多くの人は「自分がやりたいテーマ」に取り組むのではなく、会社が必要としているテーマを担当する。もし自分がやりたいテーマをするなら自分の資金で研究しなければならない。失敗するか成功するかわからないのに、自分の好きなテーマを会社のお金を借りてそれを資金にするのは心苦しい。会社というけれどその実体はみんなが現場で汗を流し、営業が走り回って稼いできたお金だ。そして研究テーマの大半は失敗し、成功するのは「センミツ」といって、1000に3つとも言われる。成功した時にお金をもらうと、次の研究で失敗するとお金を取られる。それだけ会社に損害を与えたのだから。そうすると会社に入ってテーマに恵まれず、失敗ばかりしている研究者の家庭は悲惨なことになる。

だから暗黙のうちに会社の中では「バーチャル研究者組合」のようなものがあり「一人ひとりが研究のリスクを負うのは難しいので皆で平均化しよう。そして成功した人には名誉と拍手を上げよう。私たちは研究をお金では換算しない」という不文律があるのだ。

中村さんの個人的な意思は別にして、件の裁判で会社における技術者のテーマ設定、失敗した時の保護などは明らかになっていない。この裁判が真に社会の発展に寄与するなら、裁判官はそこまで言及する必要がある。判決は論理的で完結していなければならない。

ところで批判したついでであるが、200億円と8億円はあまりにも離れている。この数字もまた判決の意味を薄くしている。「対価」とか「要求」というのはその合理的根拠があり、請求側は自分の信念に基づいた数字を述べるべきである。相手がいるので時に妥協も必要だが、200億円の請求に8億円で「妥協」すれば、それは最初の要求が「ふっかけ」であったことを証明していることになる。だからこの話が技術者のモチベーションに役立つとしたら、なぜこのような大きな差が出たのかを説明しなければならない。

そうしないと今後も、2000万円を要求したら、80万円で我慢させられる事になる。

この判決が日本の技術者の地位を上げるとは思えない。かえって会社の中で技術者を孤立させるだけだろう。技術者は会社の一員でないことが明らかになり、お金をもらえば技術者自らが会社の一員でないことを認めることになるからである。

ところで、中村さんの事件があっても、私は相変わらずお金とは無関係に研究をしたいと考えてやってきた。それは慎ましく生きることができればそれ以上のお金はいらない。「正当な報酬」などという概念は技術者、科学者としての私にはもともとないからだ。

第三章　人生・人間関係

忙しい割に儲からない状態が一番

人間には子供の頃から何となく常識として頭に入っているものがある。普段の生活で私たちは一つひとつのことの善悪や損得をあまり考えずに、無意識のうちに行動する。しかし、私たちが無意識のうちに考えていることでも、自分が成長してきたり、環境が変化するとそれが調和しなくなることがある。そうなると「何か変だ」「何か面白くない」「俺の人生はこんなものではなかったはずだが?」と思うようになり、充実した生活を送れなくなる。

私たちが無意識のうちに覚えている価値観のうち、学生や若い人がつまずくものを挙げてみよう。

人間は頑張らなくてはならない時がある。また日常のちょっとしたことでも頑張らないとズルズルとしてしまうことがある。例えば、学生が朝起きることなどがそれに当たる。朝の学生はとかく夜更かしをするから、朝起きるのはとても大変で苦痛を感じるものだ。朝の授業の先生がうるさく、一回でも遅刻すると単位をくれない、しかもそれが必修科目だということになると何とか起きることができるが、先生が甘かったり授業が午前中はなかったりすると、朝キチンと起きることはできない。

このように人間は何か強制力が働かなければ行動できないという特徴がある。サルは朝、8時に朝食を出して8時半に引き上げると、必ず8時には起きてくるが、8時に餌を出して11時まで食べられるようにすると、11時少し前に起きて来るという。人間も学生もサルも同じということになる。

私たちが「頑張る」のは自分のためだ、と思っているだろう。しかし、それは本当ではない。不思議なことに人間は「自分のため」には頑張る力が出ず、「人のため」なら力が出るのである。なぜか、という理由を説明するのはとても難しいが、おそらく人間は私たちが考えているほどには「個人」が独立しているのではなく、「集団」で生活する動物なのであろう。確かに動物にも群をなす動物と、熊のように一匹で生活する動物がいるが、私たち人間は一人ではすぐ寂しくなる。

それでは「誰のために頑張る」のが最も楽だろうか？　私の経験では「子供、家族のため」が比較的、容易に頑張れる。多くの母親もそうで、自分だけの朝食はかなり手を抜くが、子供や家族に食べさせようとするとかなり頑張って朝食を作ってくれる。それは「損得」とか「役割分担」という感覚を少し越えている。昔の学生は親が苦労して学費を出してくれたので、「卒業したら出世して親を楽にさせてあげよう！」という気持ちがあり、学業に頑張ることができた。しかしいまは、親は親でそれなりに裕福に暮らしているのがわかるので、とてもそういう気持ちにはならない。勉強して、良い成績を取れば、自分の人生がある程度よくなることがわかっていても、それだけでは「頑張ること」はできないのだ。その意味で現代の学生が頑張るには相当の努力が必要ということになる。

人生は楽しい方がよい、ということは誰でも思っている。それでは「どうしたら楽しい生活を送れる」のだろうか？　すぐに思い浮かぶのは「何にもしないで寝ていれば天井からお金が振ってくる」ということだろう。しかし、実はそれは人生を一番つまらなくさせるというのだから人生というのは不思議なものだ。

人生を楽しくする方法は以下の3つである。

（1）忙しい

（2）その割にはお金が入らない

（3）不満や言い争いが少ない

まったく意外と思うかもしれないが、人間は忙しいのが一番で、暇な状態が最も苦痛である。忙しいのも、できれば2割は「つきあい」など対人的に忙しく、8割は「もの」を相手にしているので忙しい、というのが一番よいようだ。対人関係が中心になると、こじれてきて疲れるし、またものだけを相手にしていると寂しくなる。

そして、働いてもあまりお金が入らないのがよい。働いてお金が入ると、働きたくなくなる。働かないと暇になり、本人も気づかないうちに不満が溜まっていく。しかも困ったことに不満が溜まる理由が自分でもよくわからない。まさか、「同じように働いて、入ってくるお金が少ない方がよい」などと考えもしないからだ。しかし、「お金は多い方がよい」と考えるようになったのは、ほんの少し前からのことで、それまでの日本人はこう考えていた。

幕末、日本にやって来たスイスの遣日使節団長アンベールが、自国の職人の回顧と共に語った言葉。

「(日本では) 若干の大商人だけが、莫大な富を持っているくせに更に金儲けに夢中になっているのを除けば、概して人々は生活のできる範囲で働き、生活を楽しむためにのみ生きているのを見た」ここまではすでに紹介したが、その先の言葉が素晴らしい。

「労働それ自体が最も純粋で激しい情熱をかきてる楽しみとなっていた。そこで、職人は自分の作るものに情熱を傾けた。彼らには、その仕事にどれくらいの日数を要したかは問題ではない。彼らがその作品に商品価値を与えたときではなく、かなり満足できる程度に完成したときに、やっとその仕事から解放されるのである」

そして家族と日々の労働は次のようなものであった。（イライザ・シッドモアの旅行記から。１８８４年からしばしば日本を訪れる）

「日の輝く春の朝、大人の男も女も、子供らまで加わって海藻を採集し浜砂に拡げて干す。漁師のむすめ達が臑《はぎ》をまるだしにして浜辺を歩き回る。藍色の木綿の布切れをあねさんかぶりにし、背中に籠を背負っている。子供らは泡立つ白波に立ち向かったりして戯れ、幼児は楽しそうに砂のうえで転げ回る。婦人達は海草の山を選別したり、ぬれねずみになったご亭主に時々、ご馳走を差し入れる。あたたかいお茶とご飯。そしておかずは細かにむしった魚である。こうした光景総てが陽気で美しい。だれもかれもこころ浮き浮きと嬉しそうだ」

これらの描写が産業革命後のイギリスを描写した次のエンゲルスの書とあまりにも違うことに驚かざるを得ない。

「貧民には湿っぽい住宅が、即ち床から水があがってくる地下室が、天井から雨水が漏ってくる屋根裏部屋が与えられる。貧民は粗悪で、ぼろぼろになった、あるいはなりかけの衣服と、粗悪で混ぜものをした、消化の悪い食料が与えられる。貧民は野獣のように追い立てられ、休息もやすらかな人生の楽しみも与えられない。貧民は性的享楽と飲酒の他には、いっさいの楽しみを奪われ、そのかわり毎日あらゆる精神力と体力とが完全に疲労してしまうまで酷使される」

私たちは日本という格別の国に産まれたにも関わらず、すっかり西洋文明の悪いところを選び取り、良いところを捨てて生活をしている。そしてそれに気づかず苦しんでいるのである。

行為そのものを目的にすると「失敗」がなくなる

カゼで熱があった日もあった。お母さんは「大丈夫？」と言ってくれたけれどそれを振り切るようにして学校に行った。だって、もう少し頑張れば皆勤賞を取れるのだから……。

あの頃の自分は輝いていた。学校が楽しく、毎日は忙しかった。勉強もいまよりしていたけれど、勉強をすること自体もイヤではなかった。いまから考えると学校も勉強もゲームのようなものだった。

それなのに最近の自分はダルだ。大学へ行くのも一種の惰性で、楽しいから行くわけではない。講義も退屈だし、第一、何のためにこんなことを勉強しなければならないかもわからない。将来が少しは不安だけれど、だからといって体の中からファイトが出てくるわけでもない。

あの頃が懐かしい。純真で、しかもいまより決断力もあったような気がする。それにいまは悪いことも少しはするけれど、あの頃はこれっぽっちも悪いことはしなかったし、授業中に先生が話をされている時に友達と私語などしなかったし、もちろん、寝ることなんかなかった。

自分はどうしたのだろう？　何でこんなにダメな自分になってしまったのだろう？

この世に誕生し、子供から大人へと成長していくと人間はある時期に「行為」から「目標」に生活の目的が変わる。この変わったことに気がつかない人が立ち上がれないダルに苦しむ。「行為」という目的と「目標」という目的はどこが違うのだろうか？　具体的な例から話を始めたい。

ある講義でレポートの提出を言われたとしよう。まず気になるのはレポートの提出期限だ。もし一ヶ月もあればしばらくは放っておいてもよいし、もし一週間ならすぐにでも取りかからなければならない。学生はそう考える。ここにダルを生む原因が潜んでいる。

もし自分の生活の時間が自分のものであり、自分の「目標」のものでなければ、レポートを出すか出さないか、いつレポートを書くかは自分の好き勝手であり、期限が長くても短くても関係がない。自分がレポートを書きたければ書けばよいし、書きたくなければ放っておけばよい。

でも学生は「目標」を持っている。「この講義の単位を取らなければならないから、レポートは提出しなければならず、従って期限を知っておかなければならない」というのが心理の動きである。

講義に出席するのも単位を取るため、単位を取るのは大学を卒業するため、良い成績が欲しいのは良い企業に就職したいため……どんなことも目標があってそのために行動している。そんな生活習慣が大学受験の時、身に染みついてしまい、いまでは目標がなければ毎日を過ごすことができない。だからレポートも自分がレポートを書きたいから書くのではなく、目標を達成するために書くのだから期限は必要だし、義務で書くことになるのでイヤになる。

小学校の頃、毎日、学校に行く目的は「学校に行くこと」であって、単位を取るためでも、卒業するためでもなかった。おそらく中学校まではそうだったかも知れない。目的は「行為」そのものであって、「目標」ではなかった。それが物心ついてから「行為」に「目標」が必要になった。そうなった途端、勉強をするのが億劫になったような気がする。心のどこかで「こんな勉強して何になるのだろうか?」という疑問が消えない。

もし、人生の目標があり、それが最終的に達成されることを目指したら、100人中99人は挫折するだろう。なぜなら、目標には競争相手がいて自分が一番優れているということはまずないから、目標を達成することは難しい。だから100人中99人が挫折する。

このよい例が全国高校野球大会、つまり甲子園である。何千人もの球児が参加して優勝はたった一校。後は全部挫折する。もし野球をやる目的に「優勝すること」という目標を置いたら、１００人中99人は何のために野球をするのかがわからなくなる。なぜならば、悔しい思いをするために頑張るのだから。

甲子園ならその程度ですむ。これが人生となるともっと厳しい。自分の人生の目標を立て、頑張って目標を達成しても、早晩、人間は老いて死ぬ。生きている間、目標を達成するように時間を過ごすと、自分の人生は「自分のもの」ではなく「目標のためのもの」として過ぎていく。そして時間だけを失い、老いて死ぬ。そこに、人生の意義を見つけることはできない。

だから目標を置いた人生は１００人が１００人とも挫折する。社長になればなるほど空しい。社長になるまでの時間は「目標のための時間」として過ぎていき、社長になると「目標を失った毎日」を送ることになるからである。

本当の人生とはどういうものだろうか？　野球をするのは野球が好きだからだ。だから一所懸命ボールを追いかけるし、監督に叱られても苦にならない。なぜなら自分が好きでやっている野球だ。監督のためにやっているのではない。もちろん勝負だから勝った方が嬉しいが、それは「懸命にやった結果」であって、勝つことを目的としている訳ではない。

一球入魂して投球し、無心に打席に立ったから、結果として勝ったのであって、勝とうと思ったら邪念が入って苦しいし、かえってヘマをする。

繰り返しになるが、人生には「目標」はない。「行為」そのものを目的とするのが人生なのである。毎日学校に行くのが当たり前だった頃、授業では一所懸命、先生の話を聞くのが当たり前だったあの頃、なぜ無心でいられたのだろうか？

それは「目標」がなかったからだ。「やること」そのものが生きている証であり、「やること」に「全力を注ぐ」ことが唯一の目的だった。その結果として来るものはあちらから来るのであって、自分が求めたものではなかった。

大人になってそんなことができるだろうか？　もちろんできる。ただ、大人になると周囲が見えるようになるので、錯覚するのだ。それでも自分の周りに見える幻想にとらわれず、行為に目標を置かず、行為が自分の得になることを考えない。できれば少し自分が損をすることに全力をあげる。そうすると毎日は輝き、心の底からファイトが沸いてくる。

人間とは不思議なものだ。自分が一番可愛いのに、自分のために行為をしても満足は得られない。人のための行為なら満足が得られる。

そして、行為そのものを目的にすると「失敗」がなくなる。大学で言えば、講義に出るということ自体が目的であって、単位を取ることが目的ではないので、失敗がないのだ。

単位は先生がつけるものであり、自分が取るものではない。自分は講義に出るという行為だけが目的である。

このような考え方は現代の日本の標準的な人生の考え方とかなり違う。だからこれを読んだ学生が、いくら頭が柔らかいと言っても、にわかには賛成しかねるだろう。でも、あなたがもし毎日がダルで辛かったら、是非、一ヶ月でもあなたがいま持っている目標を捨て、行為自体を目的にして毎日を過ごしてみることを勧める。

講義に出たらその講義の内容が自分にとって役に立つかどうかなどは考えない。講義に出席し、講義を聴くことに全力を注ぐ。単位などはその結果として来るものだから気にしない。そんな生活をしてみれば、あなたは確実にいままでには見えなかったものが見えるだろう。

(冒頭に「皆勤賞」という目標を書いた。小さい頃のこの目標はいまの自分の目標とは違う内容を持っていることを感じてもらいたい。また、もしあなたの目的が「行為」ならレポートは期限に関わらずすぐやってしまうだろう。だって、「レポートをすぐやる」という行為に目的をおけばよいのだから。そしてあなたがすぐレポートを書いても期限に間に合わないとすれば、それは期限を聞いても間に合わないのだ)

人生は「柿泥棒」だ

この格言はつい最近できたものである。だから格言というにはまだ少し早い。でも、なかなか含蓄のある言葉である。本を読んでいて、この言葉に接したときは思わず膝を叩いてしまった。そのうちには立派に「格言入り」を果たすに違いない。

柿というのは面白い果物で甘い柿と渋い柿があり、見た目ではなかなか見分けることができない。それに「泥棒」を組み合わせるとこの格言となる。

「泥棒」は犯罪だから悪いに決まっているが、昔から泥棒には犯罪とは別に「他愛のない悪戯《いたずら》」という意味合いもある。「柿泥棒」もその一つだ。

盗る量などたかが知れている。盗まれる方もいちいち警察に届けたりはしない。「コラッ！」と怒鳴るか、水でもかけて追い払う程度である。

2、3人の悪ガキが作戦を巡らして、立派な家の塀越しにたわわになっている柿をどうしたら盗めるかを相談している。

「あのオヤジ、けっこうよく見張っているぜ」

「見つかったらひどい目に遭わされるからな。この前は水をかけられてずぶ濡れにされたよ。なんだ、あれ。すごい水だったたぜ」

「いつも構えてるんだ。でかいホースだからな」

あれこれ策略を練りさんざん苦労して、まんまとむしり取るのに成功した柿も、一口かぶりついたとたん悪ガキたちが「渋っ！」と顔をしかめる。

人生、努力することは必要だ。頭を巡らすことも大切だ。でもその努力が報われるかどうかはわからない。盗んだ柿が甘ければ成功、渋ければ失敗だからだ。

問題は「努力の末に失敗した」ときだ。そんなとき人はガッカリしそれまで頑張ってきた心が折れる。でも、最初から「努力しても失敗するかも知れない。でも努力すること、そのこと自体が自分なのだ」と思っていれば心は折れることはない。

私はなんでも一所懸命やるほうだが、それが何かよいことに結びつくか、お金が儲かるか、名誉が得られるかといったことはほとんど考えない。ただ、私も人間だからボンヤリとそんなこともあればいいなと思うことは思うがそれだけである。だからガッカリしない。

もともと、成功したとしても幸福が得られるものではない。幸福とは努力している間に与えられるものだから。

「昨日は晴れ、今日も朝《あした》」

少し前まで私は色紙にサインを頼まれると、「昨日は晴れ、今日も朝」と書いていた。最近では「今日も朝」しか書かないことも多くなった。

人間には辛い過去というものが付き物だ。よほどの人でない限り、誰しも過去に辛いこと、思い出したくないこと、ヘマをしたことがある。それがふとしたはずみにその記憶が蘇ってきてうなされる。

私も小さい頃、体が弱いくせに気が強く、ヘマばっかりしていた。思い返す度にひとり赤面し、大声を出したくなった。それで人生がイヤになることがあった。

でも、いまの私はそうではない。「昨日は晴れ」と信じ込んでいる。つまり昨日が嵐であっても、豪雨であっても、寒さで凍えそうになっていたとしても、次の日には「昨日は晴れだった」と思うことにしている。

大爆発によって宇宙が誕生して以来、時間は先に進むけれどそれ以前には戻らない。これは確かなことで、昨日は「在る」ように感じるが、すでに「無い」ものなのである。だから、昨日は自分の記憶の中に残っているだけである。だから「嵐」と思えば嵐、「晴れ」とすれば晴れなのである。それなら「昨日は晴れ」と思おうと私は考える。

大学受験に失敗したことも忘れてしまう、彼女と別れたこと、お金を失くしたこと、大失敗したこと……すべては教訓だけを残して記憶から捨て去ってしまう。そのコツは「昨日はもう返ってこない」ということを実感すること。

そして、「今日も朝」である。

「時」の性格上、「過去」は存在しても「未来」が来るかどうかはわからない。もしかすると昨夜、ベッドについたのがこの宇宙の終わりの時かも知れないのだ。

物理学者はまだ数10億年はあると計算しているが、それは単なる計算で未来は作り続けられているもの。つまり未来は来るかどうかわからないものでもある。

まして人間は宇宙に未来があっても、今日で終わりになるかも知れない。この二つのことを考えると、朝、目覚めることができたというのは僥倖でもある。だから、朝起きたとき「ああ、今日も朝が来たな。さあ、今日一日、楽しくやるぞ！」と決意するのである。

人には自分でできることと、向こうから来るものがある。自分でできることの典型が「今日一日を過ごす」ということで、向こうから来るものの典型は「死ぬ」ということだ。

私たちはこの間でもがいているように思える。

昨日は晴れていて、今日に朝があれば、それで充分。そして長期的な目標に到達するのは難しいのだが、今日一日、生きることぐらいは何とかできそうな気がする。

人を動かすのは意志の力ではなく、後押しの力

よく低血圧の人は朝が辛いと言う。私は最近でこそ、少し血圧が上昇気味だが、昔は上が１００を少し超えるぐらいで「低血圧」の部類だった。それでも比較的、朝は強く、学生時代から朝起きることはそれほど辛いことではなかった。

友達がみんな「朝が辛い」と言っているのに、なぜ自分が普通に起きることができるのだろうと少し疑問に思ったこともあったが、「そんなものだ。自分は朝は強いんだ」と思い込んでいたのだ。

そのうち、ビジネスマンになって活躍しだした頃には、自分はずいぶん、意志が強い人間だ、何かをしようと思ったらそれをすることができる強い意志を持っている、そういう

性質なのだ、とまたまた錯覚していた。それに私は自分の意見をはっきり言うので、いわば「強い人間」であり、周囲も自分もそう思っていた。

そんな若い頃の「自分」というものを、ある時期から気持ちに余裕が出てきて、外側から見つめ直すことができるようになってきた。

いまでは「先生」という職業をしているが、ときどき、学生のレポートで「先生はご自分を外から見ているのですね」と感想を書かれることがある。でもそれは若い頃はできなかったし、自分を外から見るという感覚自体が頭になかったと思う。

ともかく、自分を少し突き放して見ることができるようになって間もなく、「辛いからできない」ことと、「辛いけれどできる」ということの差がわかったのだ！

「自分はこれほど意志が強いのに、なぜ、あれはできなかったのだろうか？」というのが最初の疑問だった。そして意志が強いと思っていたのに、案外、できないことが多いことに気づいた。そしてそれまで、そんな簡単なことにも気がつかなかったのは、むしろ自分の意思が強いのではなく、性格的に楽天的だったので、辛いからしなかったことをあまり覚えていないだけだったことにも気がついた。

そしてもう一つ、「辛くてもできた」という場合は「後押し」があり、「辛くてできなかった」ときは「後押し」がなかったということに気がついたのだ。「できた」「できない」

は「辛いかどうか」ではなく、「後押しがあるかないか」だったのだ。

私はその頃、職場に全日本クラスのテニスチームの監督をしている人がいて、ちょうど、私の実験室の横にテニスコートがあった。

私はまったくの素人だったが、昼休みの運動に彼がコーチしてくれた。もともと相手をしてもらえるような腕ではないが、「学問が良くできる人」ということで尊敬してくれていた。そして私が疲れると「止めましょう」と言ってくれた。

テニスはハードだ。素人の私は少しやると息が切れてへたばる。辛くなると動きが鈍くなりボールに追いつこうとする気持ちも萎えてくる。辛くてしょうがなく、地面に向かってハアハアと荒い息をして休む。監督は私が回復するのを黙って待ってくれていた。

ある日、いつまでもこんな状態では申し訳ないと思い、

「監督、私がへばっても遠慮しないでください」と願い出た。

「武田さん、行きますよ！」

初めて、丁寧だけれど監督の叱咤が飛んだ。私はハッとして顔を上げ、

「お願いします！」とラケットを構えた。できる！

私が「後押し」に気が付いたのはその時だった。

いつもなら、まだハアハアと肩で息をして動きを止めているのに、監督の出すボールを追いかけることができるのだ。それに思っていたほど辛くない。いままで、何だったのだ!?

もちろん、その後、私のテニスの腕は少し上がった。そのとき2つのことを学んだ。

(1) 自分が辛くてできないというとき、それは「辛いから」ではなく「後押しがないから」できない。

(2) 辛いからといって甘えていたら、ダメになってしまう。他の人はこれまで監督に叱られるから上達していたのだ。

それからというもの、私は「自分は意志が強いのではなく、何かの後押しがあれば辛いことでもできる」ことを知り、自分自身で後押しを作るようになった。監督に「叱ってくれ」というのも後押しだったし、仕事で文書を書くときは、自分で期限付きの執筆依頼を受けて、それを励みにして論文や随筆を書いている。

私は文章を書くのが好きだ。だから周囲の人は私が後押しなしに書いていると思っているかも知れない。確かに気軽に書いてもよい文章だけなら自分の気分で書ける。でも論文のように肩の張るものはどうしても遅れる。でも期限という「後押し」があれば、何とか書くことができるのだ。好きなことでも後押しがいる。

人間、後押しがなくても何かをしていける人はいるのだろうか？　それほど意思の強い人はいるのだろうか？

中学校時代、一日も休まず遅れず学校に行くことができたのは、親の叱咤激励と、そしてなんと言っても「皆勤賞」があるからだ。それが後押しになっている。風邪も引く、朝、お腹の調子が悪いときもある、もし叱咤激励がなく、皆勤賞がなければ、3年間も持つだろうか？

先生が怒ってくださることも「後押し」、友達の目も「後押し」だ。皆勤賞の表彰では「あなたは、頑張って3年間、無遅刻で学校に通いました」と表彰されるが、実は自分の力ではないような気もする。皆勤賞を取れたのは「私」であろうか「後押し」だろうか？少しは自分の意思があったかも知れないが、とてもそれだけで皆勤賞は無理だったろう。

朝、起きて食事を作るのは実に面倒だ。少しでも長く寝ていたいし、簡単なもので済ませたい。だから、ひとりで住んでいて一番、辛いのは朝食だ。どうしてもしっかり作る気にならない。

そんな私でも下宿をしている娘が風邪を引き、たまたま出張の都合で寄った時など、前日は遅く、その日は重要な講演があっても、自分の体調が悪くても、娘にハムエッグと温かいスープを飲ませてやりたいと思うと、普段より早く起き、寒くて暗い中でも慣れぬ手つきで朝ご飯の準備ができる。とても一人ではできない。誰かのためならできる。

大学生になると自由になる。一緒に住んでいる母親も、その日に講義があるか、何時から講義かを知らない。親からの叱咤激励もないし、サボっても怒られない。講義に遅れて教室に入ることなど高等学校ではあり得なかったのに、いまでは平気で入る……そんな環境で人間は果たして朝、早く大学に行けるだろうか？　行ける方が異常で、サボる方が正常のように思われる。

目的がなく、期限がなく、叱られも、むち打たれもしない、それで頑張れる人間はいるだろうか？　なにか「後押し」がいる。もしそれがなければ計画的に自分でそれを作る。その後押しは架空のものでもよい。たとえば「オレは研究室に絶対、8時50分に行くぞ！もし間に合わなければ走るっ！」と決める。そうすると行くのが楽になる。

「サボったら怒鳴ってください」でもよいし、自分で何かの期限がつくように他人との関係を作ってもよい。相手がいたらなおさらよいが、相手がいなくても自分で「後押し」を作ればよい。もしそうしたら、私がテニスで学んだように二つのことが達成できるのだ。

頭で考えたことは間違っている

その昔、お釈迦様は「人生とはいったい、なんだろう？　なぜ、私はこれほど苦しいのだろう？」と悩み苦しんで修行をされていた。類い稀な頭脳と高い人格、そして何不自由のない身分で生まれたのに、お釈迦様は苦しんだ。

人間はいつも悩む。恵まれているから悩みがないということはない。むしろ恵まれていると悩みも深い。そしてその苦しみの後に「悟り」を開かれた。今から２６００年ほども前のことであった。

人間がどんなにもがき、あがいてもお釈迦様の掌からも出ることができないという話があるように、お釈迦様の教えはそれはそれは広いので、ここでその全部を紹介することはできない。でも、この複雑な現代の日本という社会にもまれて苦しみ悩んでいる人たちにもお釈迦様は暖かい光を与えてくれる。

少し理屈っぽくなるが、「〈悩み〉は心と頭のどちらから出ているのか」から、次に「〈頭で考える〉とはどんなことなのか」という順序で筆を進めたい。

悩んでいる時には「胸が苦しい」。心臓が激しく鼓動したり、胸が締め付けられるように痛くなったりする。いっぽうの「頭」は体の上に乗っかっていて胸にはない。だから自分の苦しみは「心、胸」にあると感じる。ところがその心を支配しているのは頭であると近代科学は言う。胸が苦しい原因は頭にあり、頭でグルグル考えているうちに胸が苦しくなるのである。

だから胸が苦しい時には頭を治せばよいということになる。つまり悩みの原因は頭にあるのだから、それを退治すれば心は自然と楽になる。それでは人間の頭とはどういうものだろうか？

人間には、物事を判断したり、考えたりすることのできる素晴らしい頭がある。この頭で私たちは毎日、自分の身の周りに起こることを観察し、考え、そして行動する。人間以外の動物はそれほど優れた頭を持っていないので、遺伝子の命ずるままに生活をしているが、それに比べると人間は頭を使えるだけ、幸福なはずである。

でも「頭」はいつも自分の味方というわけではない。特に夜の帳《とばり》が落ち、夕闇が迫ってくる頃がよくない。頭の働きは少しずつ調子が狂ってくる。夜更けになると暗闇の中でひとり床についている自分の周りを妄想が回り出す。この妄想は、最初は頭の中で回り出すのである。

頭の中を回り出した妄想は、次第にその輪を拡げて自分の胸にまで広がってくる。憎らしいあの人の言ったことが耳について離れない。心配事が膨れあがり、いまにも破裂しそうにまでなる……。

（そうだ！　明日の朝になったら、しなければならないことがある！）

そう決意するのもいつも真夜中である。

（自分は言われたとおりにしたのに……。あの人はそれを知っているのに……。あんなことを言って……きっと私になにか悪意があるに違いない……）

頭というものは、ある事と別のある事を理屈でつなげながら、次々と論理を展開していく。そのうちにだんだん胸が苦しくなっていくのだが、よくよく考えてみると、一つひとつの「問い」と「答え」は理屈でつながっている。理屈でつながっているということは「頭で考えている」ということである。

そして、ここが重要なポイントだが、頭で考えることができるということは、人間の重要な武器であると同時に大きな落とし穴でもある。その落とし穴とは、「頭で考えたことは間違っている」ということである。

次のように考えてみよう。いまから２５００年前、ギリシャのアテネにソクラテスという、飛び抜けて頭の切れる哲学者が現れた。そのころのアテネは繁栄していて力も強かったので、「市民」と呼ばれる特権階級は生きるために畑を耕したり、家畜を殺したりはしなくてよかった。毎日、昼になると外に出てみんなで話し合ったり、食べ物を食べたりして楽しんでいた。つまり市民は有閑貴族だったのである。

そんな生活だったから「いったい人生とはなんだろう?」ということを考えるのが流行になり、ソクラテス、プラトン、そしてアリストテレスといった後世で「哲学者」と呼ばれる人たちを生んだのである。ソクラテスが述べたことを書いた本を読むと、この人が素晴らしい頭の持ち主だったことがよくわかる。最後は裁判で死刑になるが、最後の最後まで清廉潔白、哲学者としての威厳をもって死に臨んだ。

アリストテレスもずば抜けた人で、いま読んでもアリストテレスの著作は面白いし、価値がある。でも、それから2000年、人類はずっと「いったい人生とはなんだろう?」と考え、頭を巡らした。近代になってもカントやヘーゲルという偉大な哲学者が出て、それは20世紀でも変わらない。

もしソクラテスの言ったことが正しければ、人生は既に解明されているのだから哲学という学問はなくなるはずである。でもソクラテスから2000年以上経ってもまだ哲学者がいるということは、ソクラテスが答えを間違い、プラトンもアリストテレスも、カントもヘーゲルも間違っているからに他ならない。

このことは哲学でも科学でも同じで、いくらやっても正解に到達しないので、永遠に努力をしている。「少しずつ進歩をしている」という言い訳も怪しげで本当に進歩しているかもはっきりとはわからない。

人間の頭で考えることは、一つの「問い」に対して一つの「答え」を出すが、その答えにまた問いが続く。なぜなら、最初の答えが間違っているので、それに対する答えがあらためて必要になるのである。

お釈迦様はそれについて次のようにお答えになる。

「人間の知恵、それは本当に小さなもので、あまり役立つものではない。人間の頭で考えることはいつも真実に到着しないので、次へ次へと問題を先送りするようなものである」

深夜、布団の上で妄想に悩まされ、苦しんでいるあなた。あなたはもしかすると「頭で考えている」ということはないだろうか？

（あの憎らしい彼はこう言った……それは酷い！　そんな酷いことを言う彼は人間じゃない！）

（あのことさえなければ、私はこんなに苦しまなくても良かったのに……！）

いつも一つの問いに、理屈があっている一つの答えが準備され、それがグルグルと際限なく回る。正しい結論のない論理展開はその人を混乱させ、不安に陥れる。

心の中からわき出してくる暗い闇は「感情」が動いているようにすら思える。でもそうではないのだ。人間の心は美しく、愛情に溢れ、決して人を憎くは思わない。他人が憎く思っているのは実は人の心ではなく、頭なのである。頭が理屈をこねる、そしてどう考えてもあの人が間違っているという結論に達する……それが心を動かすのだ。

復習すると、人間の頭で考えることは次のようなことである。

(1) 正しいと考えることは間違っているので、永遠に考え続けなければならない。
(2) いつも「新しい」ことを考えつく。それはその前に考えたことが間違っているからである。
(3) 自分が正しいと思うことは自分が有利になることだから、相手は自分が考えていることを間違っていると思う。

お釈迦様は2600年前に私たちに教えてくれた。人はいくら考えても頭で考えていれば必ず間違うし、際限がない。だから頭で考えるのを止めて、自分の頭が囚われていることから離れるのだ。もし、心が頭から離れて一切の煩わしいことが視界から消えれば、その瞬間にあなたは楽になる。
それには頭に残っている憎しみだけを生み出す記憶を消し、憎しみを生む頭の回路を消し、少しの損得は気にせず、頭を空っぽにすれば悩みはなくなる。どんなに悩んでも頭で考える限りは繰り返しになって永遠に解決はしないのだから……。

結婚――「男女の愛」を「家族の愛」に変える

教え子の結婚式で祝辞を述べた際、初めて私は自分が好きな都々逸をその中に入れた。

「一人笑ろうて暮らそうよりも、二人涙で暮らしたい」

「涙」という文字が入るので、お祝いの時にはどうかという迷いもあったが、思い切って使った。それはこの句の中に「夫婦の神髄」が入っていると思うからだ。
「人はなぜ結婚するのか?」という問いはかなり奥が深い。その問いを「なぜ、あなたは結婚したのか?」に変えれば「彼女のことを愛していたから」といった答えが返ってくるだろう。「なぜ、その彼女と結婚したのか?」と聞けば、「可愛かったから」からもしれない。

そう、結婚は男女の「愛」を基本にしている。だから、ついつい「夫婦とは男女の愛情で結ばれている」と考えがちなのである。

しかし男女の愛が続くのは3年までで、4年目からは「家族の愛」に変わる。男女の愛の間は笑って過ごし、家族の愛に変わると(共白髪まで)涙で過ごす、というのが本当のところではないだろうか。

人間の場合、男女の愛というのは突き詰めて言えば、後で詳しく述べるが、性欲(生殖本能)が衰えた男性が、女性からの働きかけに呼応するような形で生まれるものなのである。だから、結婚してしばらくすると女性からの働きかけは弱くなるか、働きかけはあっても新鮮さが失われる。そんなときに、「別の女性」が登場すると男性の心が動くのは「当然」とも言える。

「可愛い女性」と結婚した男が、3年目に「より可愛い女性」から誘いをかけられるとそちらになびくというメカニズムがそこにあるのだ。

これはなにも最近の話ではなく、約200万年前に動物としての性欲を失い、女性がお化粧を始めた時からのことで、いわば人間の男性が背負わされた業のようなものである。

この業、つまり人間の男性の頭脳が発達したことと、一夫一妻制との間の矛盾をどのように処理するか、そこに結婚した男性の「価値」がある。

人間の人生には、楽しさと苦しさがあるが、結婚3年目までは楽しさだけで暮らしていける。そこから二人で苦しさを共有しながら生きていくうちに「男女の愛」より強固な「夫婦の愛」が生まれる。その愛は「家族」の愛なので、移ろうことのない強固な「絆」であると言えるのだ。

一緒になって子供のことで悩み、お金で苦しみ、病気の時には助け合い、そして一緒に涙するのである。

この世に男女という2つの性があることは本当に素晴らしいと思う。体も頭脳も考え方も、趣味も感情も、何もかも違うから人生が成り立つのではないか。結婚届を出したから夫婦なのではなく、ひとつ屋根の下で暮らしているから夫婦というわけでもなく、男女として愛しているから夫婦なのでもない。

結婚してしばらくして、男女の愛を「家族の愛」に転換できた夫婦こそ、本当の夫婦なのだ。もちろん、強い家族の愛に昇華した夫婦の間にも、男性と女性の間ならではの緊張感と愛情が残ることがあることは強調しておきたい。

世代間ギャップの真相

あるお父さんが「結婚前にフィアンセと性的交渉をするなんて、とんでもない！」と怒る。

その横でドラ息子が「なに言っているんだ。おやじ、そんな古いことを言っていたら、ボケるぞ！」と言い捨てて、玄関を出て行く。

お父さんはお父さんで、息子は息子でその時代に生きている。かつて20年にわたって行われた世論調査の中に、「婚前交渉は是か非か」という設問があった。

調査が実施されたのは1970年から1990年までの20年間。最初の調査では「婚前交渉は認められない」という人が多かったのに、それから20年も経つと、多くの人が「別にいいじゃないか」という意見に変わった。

人間は、もともと事の本質から考えて「良い悪い」を考えることは少ない。むしろ「みんながやっているからいいじゃないか」と考えるものである。だから、「みんながやること」が、そのうち「正しいこと」に変わる。

だから、我々は「時代の子」になり、「婚前交渉はいい」ということになる。それを「困ったことだ」と古い時代の人は嘆く。言葉を換えれば、年を取ればとるほど頭が固くなっていくということになる。

ただ、この世論調査の結果を、別の見方で見てみると面白いことがわかる。その「別の見方」とは「一人の人に注目して見る」ということである。たとえば1970年に30歳だった人の回答を見てみると、10人に4人が「婚前交渉はよくないことだ」と答えている。

次に1980年に行われた調査で40歳の人の回答を見てみると、やはり10人に4人が婚前交渉に否定的である。なぜ「やはり」かというと、その人たちは10年前に30歳だった人たちだからである。「1970年に30歳だった人」のグループを見ると、10年経っても意見は変わっておらず、それからさらに10年後、50歳になってもやはり10人に4人、つまり「40パーセント」の人たちが婚前交渉に反対しているのである。

要するに「時代が変わったから人の心が変わった」のではなく、「人間一人ひとりは変わらないが、お年寄りが退場して代わりに新しい人たちが入ってくるので、見かけ上は〝正しいこと〟が変化する」ということが、「変化」の本質なのだ。

つまり、「その人が生きた時代」によって「その人が正しいと思うことが決まる」ということを意味している。これを言い換えると「人は、それぞれ人生と経験が異なっている のだから、正しいと思うことが違っているのは当然だ」ということである。

「なんで彼はわからないのだろうか！」と嘆く。「ああ、うまく行かない！」と悩む。

しかし世代の異なる人間が、自分の思う通りに動くはずもなく、自分が正しいと思うことに同意してくれないのはむしろ当たり前なのである。それなのに、多くの人は「正しいことなのに、納得してくれない」と悩む。

実は、そう考えること自体が正しくないのだ。自分にとって正しいだけで、他人に取っては正しくなく、「世代と育った環境が違えば、意見も違う」のが当然なのである。

言葉で相手を説得することはできない。できることは、ただ「私はこう思う」と言うことだけである。

それを念頭に置いて周辺を見渡すと、きっと「ああ、そうかだったのか！」と納得できることがあるはずだ。

男の性欲は「幻想」である

付き合っていた彼女と何かの事情で別れた後も「あんなに尽くしたのに」とか「あんなにプレゼントをあげたのに」などと悔しがったり、悩んだりしている学生がいる。

「でもうまくいかなかったのは君の作戦が未熟だったからだろう」と私は言う。

男と女、オスとメスの間にはもっともっと複雑で微妙な関係があって、作戦も立てずに突進すれば失敗する。人間のように複雑でもない、小さな虫のような生物でさえ、作戦を練り涙ぐましい努力をしてメスに近づいているのだから。

ガガンボモドキという小さな昆虫がいる。羽をもつ小さなハチの一種で、体は小さいし、運動神経も鈍い。生き物の世界は弱肉強食だから、小さなガガンボモドキにとってみれば餌をとるのは大変なことだ。いつも自分が生きるだけの餌をとるのも大変なのに、春になるとメスにプレゼントをするための極上の餌を手に入れなければならない。

一方でガガンボモドキのメスは実に図々しい。生殖の季節である春になると自分では餌は取らずにひたすらプレゼントしてくれるオスがやってくるのを待つ。そしてオスが餌をもってきたらそのオスと交尾をして食料を手に入れるという方式である。しかもメスはなかなか贅沢で、その餌がどこでも手に入りそうだったり、不味そうだったりするとまったく関心を示さない。

珍味やご馳走をプレゼントしてくれたオスのみが交尾を許されるというのだから実にドライである。相性とかルックスなども気にしていないようで、一途に、プレゼントの質だけがメスの関心事である。

しかしそこまではガガンボモドキ以外の生物にも普通に見られる生態である。オスがメスにプレゼントを差し出す替わりに思いを遂げられるということは珍しくない。

驚くのはガガンボモドキのメスではなく、オスの方である。ガガンボモドキのオスは繁殖期になると美人（？）のメスを獲得するために、苦労に苦労を重ねて入手したとびきりの餌（人間で言えばブランド物の宝石やバッグなど）を携えて颯爽とメスのところに飛んでいく。これならどんなメスでも自分になびいてくれるとオスは信じているだろう。

果たせるかな、メスは素晴らしいプレゼントに即オーケー。無心で餌に飛びつくわけだが、その瞬間がオスのねらい所だ。

オスはメスにプレゼントを差し出すやいなや、メスが食べ始める前にさっさと思いを遂げる。そして、次の瞬間にはそのプレゼントの餌を持って飛び立つ。メスのほうは散々である。気がついたら目の前にあったはずのご馳走は消えているし、どうも身体の方は……ということに気がつくのだが、時すでに遅し、という訳である。

その「甲斐性のあるオス」は悠々とプレゼントを抱えて次のメスのところに飛んでいく。かくして運動神経のよいオスは一つのプレゼントを何回も使って複数のメスと交尾し、多くの子どもを残すことになる。

こうしたガガンボモドキの手練手管を見ると、つい新聞の三面記事を思い出してしまう。（そういえばこういうヤツがよくいるな、人間社会にも……）

動物界のオスはメスにプレゼントを贈ったり、クジャクやカモのように身をキレイに飾ったりして何とかメスの気を引こうとする。子孫を作りたいという目的はオスもメスも一緒なのに、どうしてオスだけが苦労しなければならないのだろうか?

理由は簡単である。メスは子供を産めるが、オスは産めない。だから何とか自分の子どもを産んでくれるメスを探さなければならない。それともう一つの理由がある。

メスは体の中の卵子の数と自分の体力に限界があるので、産むことができる子供の数が決まっている。それに対して、オスは膨大な数の精子を出すので、一匹いれば何匹のメスに子どもを産ませることができる。だから、オスはそれほど数はいらない。良い子どもを持つためには、より強いオスの方がよい。だから、甲斐性のあるオスだけが子供を残す。それが自然淘汰というものである。

だからメスは身を飾り立てる必要はない。クジャクやカモのように身を飾るオス、サルやオットセイのように身を挺してハーレムを作って支配するオス、一夫一妻を守って家族のために餌をとり敵と戦うオス……多くのオスがひたすら自分の子孫を残そうと必死になるのである。

この地上に「ヒト」という動物が出現したのは５００〜６００万年前と言われているが、オスとメスの関係は大きく変化した。

生物の行動はＤＮＡで決まる。親からもらった遺伝子が働いて身体をつくり、行動パターンを決め、本能的な活動をする。子孫を残すための生殖活動もＤＮＡが指令する。「あの女性は魅力的だ」というのもＤＮＡがそう思わせる。

ところが人間は脳が発達してＤＮＡの情報より１０００倍も多い情報が脳にある。そして脳は「考える」。ＤＮＡの情報は生まれたときからほとんど書き換えがないから、親が「あなたは男」「あの人は敵」とＤＮＡで伝えれば、その通りであるが、脳は書き換えができるので、体は男でも心は女とか、親切にしてもらえばもともと敵だったのが味方になったりする。それが脳という情報装置のよいところでもあり、悪いところでもある。

人間のオスが「性欲」というものを失った時がいつか、いろいろな研究がされている。まだ、はっきりした時期はわからないようだが、いずれにしても人間のオスは脳の発達によって性欲を失い、そしてそれとおそらく同時に発情期も失った。

オスの性欲は自分の遺伝子を子孫に残そうという本能からきているから、それが頭の指令で抑制されたのである。ビックリしたのは女で、男に性欲がなければ女は子供を産むことができない。そして男の性欲がなくなったのが「頭の幻想」であるなら、女はふたたび男の頭に「あなたは性欲がある」という「幻想」を作り出さなければならない。そうしなければ人類は子孫ができずに絶滅する。

かくして、女性は身体を隠し、お化粧をし、男性に性欲の幻想を持たせることによって、人類は絶滅の危機を脱したとされる。

この話は若い男性、つまり私が接する学生にはとんと人気がない。学生はみんな自分に性欲があると思いこんでいるので、そんなのは違うと思っている。しかし、心理学などではかなり有力な説で、人間のさまざまな行動パターンや心理の動きで解明されているところもある。

ここではこれまでの人類学や心理学の成果を素直に理解し、自分自身の性の叫びに判断を委ねないで、「人間のオスには性欲がない。だから着飾らないし、発情期もない」ということにしたい。

わたし達が女性のことで悩むのは幻想なのである。「可愛い」と思うのは幻想という。それが女性の作戦で、性欲のない男性を振り向かせる重要な手段という。従って「化粧品産業」は膨大な売上高を保っている。もしなにもドライビング・フォース（根本的な因子）がなければ、あれほど化粧品会社が繁栄するはずもない。

また男性は「結婚」に対して強い意欲を示す女性にときどきとまどうことがある。人間の男の性欲は幻想として作られたものだから、もし性的活動をするにも一瞬でよく、結婚とその生活のような長い間はもたない。第一、本当の欲ではないので、満足感がない。

おいしい物を食べると食べた後に満足感がある。ぐっすり眠ると起きたとき爽快だ。このように食欲、睡眠欲など人間に本来備わった欲望が果たされると人間は快感を覚える。でも性欲は一瞬で、しかも後味が悪い。もし本来、するべきことなら満足感があるのだが、かえって罪悪感に苛まれる。それだけでも性欲が幻想であることに気づく。

かつて西洋では騎士道があって愛する淑女のために身を投げることを信条とする生き方が推奨された。幻想の上に幻想を重ねてそこに解決策を見いだしている一つの例である。

ところで人間のオスはどうして性欲を失ったのだろうか？

この疑問には次の問いを立てるのがよい。

「なんで、生物は性欲があるのだろうか？」

食欲は自分の体を保つためにどうしても必要だ。睡眠もそうで血液中に不純物が蓄積するとそれをきれいにしなければならず、そのためにはまとまった休憩が必要である。だから食欲も睡眠の欲求もなくならない。

でも性欲がなくなっても何も困らない。自分が死んだ後の世界なんか自分には知覚もできないし、利害関係もない。むしろ性欲がなく、子どもなど持っていないほうがどんなにか気楽で、かかるお金も少なくて済む。最近の日本では子どもが親の面倒を見ないと言ってこぼす人がいるが、キタキツネは子どもが大きくなると「子離れの儀式」をして子どもを追い払う。面倒は期待していないのだ。

ドーキンスはこのことを「利己的な遺伝子」という言葉で表現した。遺伝子にとってみればわたし達の肉体は単に仮の宿にすぎない。つまり体は「遺伝子の乗り物」だというのである。遺伝子は自分を残すために、古い体を捨て、新しい体に移る。そのために性欲という幻想の欲望を作ったというのである。よくわかる話ではある。

でも、女性のことで悩んでいる男子学生は多い。一つのパターンは「つきあう女性がいない」ということで、これは強迫観念のようなものである。どうせ動物のオスは20匹に一匹程度しかボスになれないのだから、一人で暮らすのは何でもないはずである。

もう一つのパターンは「別れた」というケースである。この場合も、もう少し幻想から離れると「よかった。せいせいした。もともと女性が煩わしかった」ということに気づくものだが、なかなかそうはいかない。人間の幻想は底が深く、幻想の中にしか生きていけないから。

しかし、だからこそ男性の悩みは「幻想」だと言えるのだ。

人は不幸になりたがる癖がある

人はなぜか「不幸」になりたがる癖がある。「そんなはずはない。自分から不幸になりたいなんて人間などいるものか」と反論されるかもしれないが、そうでもないのだ。

その一つの例として「嫌い」が好きで、「好き」が嫌いという人の存在が挙げられる。人としばらく付き合ううちに、だんだんその人が「嫌い」になって盛んに悪口を言い始める。ある国に関する記事を読んでいるうちに、腹が立ってきてその国が「嫌い」になる。同じ職場に要領が悪く仕事が遅い人がいるとイライラしてその人が「嫌い」になる……というようなことである。

嫌いならば、単に遠ざければいいのに、わざわざ相手の嫌なところを探しだしてさらに嫌いになろうとする。「嫌い」が好きというのはそういうことだ。

付き合っていても、その人のよい点だけを見るようにすれば嫌いにならないし、嫌いになりそうなら自分からその人との距離をとればいい。そうすればあまり関係が深くならないから嫌いにもならない。嫌いになりそうな人がいれば「会うのに一時間もかかる」とか「一年に一度くらいしか会わない」というような状態にすれば、嫌いになりようもない。

ある国が嫌いになりそうだったら、その国の人の立場に立って物事を見てみると意外に納得できることもある。仕事の遅い人がいても、そのぶん仕事が早い自分が評価されると思えばよいのである。

かくいう私が親からもらった性質のうち、もっとも感謝しているのが「人を憎くならない」という鈍感さである。私は「嫌いな人」というのがいない性質で、だれでも好きになり親しくなる。しかしこれもまた都合の悪いこともある。

自分が相手を嫌いにならないので、相手が自分を嫌っていてもわからないということがあるのだ。相手が自分を嫌いなら、できるだけ会わないようにすべきである。そうしないと相手に失礼だと思うのだが、自分が相手を嫌いではないので、ついつい接近してしまうのである。

人の感情というものは、相手が自分に対して抱いている感情を鏡のように反映するものである。私が人を憎むことがないので、最初のころは私のことを嫌いでも、少しずつ関係が良くなってくることもある。私が相手に憎しみの感情を抱かない理由の一つが、「自分が正しいと思っていることはいい加減で、もしかしたら相手の方が正しいかも知れない」という考え方を常に持っているからではないかと思う。

長いあいだ基礎科学を研究していた私は、自分が正しいと信じていたことが実は間違っていたということを嫌というほど経験してきた。だから、そもそも自分が間違っているかもしれないのに「自分が正しくて相手が間違っている」と腹を立てること自体がナンセンスだということに気づいたのだ。

例えば「地球温暖化がますます激しくなっている」と平然と嘘をつく人間がいる。卑劣な人間だと思うが、どうして社会的にも立派な立場にいる人がそんな嘘をつかなければならないかと考えると、自分に自信が持てないとか、お金が欲しいといった、なにか哀しい事情があるからなのかなと考えると少しは納得もいく。

例の福島第一原発事故による放射能汚染の件もしかりである。法令では一年一ミリシーベルトが線量限度なのに、「一年100ミリまで大丈夫」などと放言して自分の名声を守ろうとしたり、あることないことを喋り立てていかに自分が知識豊富であるかをひけらかしたいだけの人も、実に可哀想である。まったく腹が立たないということもなく、瞬間的に怒り狂うこともあるが、それは「意見や行動」に対してであって「その人自身」を憎む感情は湧いてこない。

人は身近な人でも嫌いになったり、自分の大切な人にも強い負の感情が湧いて嫌いになったりする。自分と関係のない人間は、当たり障りのない適当なことを言うだけなので、好きになるが、自分のことを親身に考えてくれる人は耳が痛くなるような苦いことも言うので嫌いになる……。まさに哀しい人間の性《さが》である。

思春期に親が憎くなるのもこれと同じ理屈である。この世で最も自分のことを大切に考えてくれる親のことがうっとうしく、ときには憎くなる。その一方で、相手のことなど知ったことではないから口先だけ適当なことを言う友だちを好きになる。こんなことは日常茶飯事の、ごく普通のことと言ってもいいだろう。

しかし、もし「人を嫌いになる」ということが「嫌い」になり、「人を好きになる」ということが「好き」になれば、人間関係の多くは解消するはずだ。そのためのもっとも重要な心の持ち方は「裏切られても、『ああ、そうか』と受け取って、決してその人を恨まない」という覚悟である。

難しいことかもしれないが、可能である。なぜなら、幸いなことにこの日本という国には実に多くのさまざまな人がいて、ある人と近くなったり、距離を取ったりすることが自由にできるからである。

他人に勝とうとするから挫折する

人生とは難しいものである。

（1）人は広野でひとりで生きていくのは寂しい。だから都市に群れる。
（2）人は目標を持つ。その目標の多くは「人よりよくなること」である。
（3）人は目標がなければだらけてしまう。

この3つの矛盾を抱えて、人間は悩む。いわば、自分で創り出した解決のできない悩みである。

（1）ひとりで生きることができないのだから、一緒に生きてくれる人に感謝しなければならない。
（2）だから、感謝すべき人より自分がよくなろうとするのは恩知らずというものである。
（3）しかし目標はどうしても必要だ。

この矛盾をなくし、悩みのない人生を送るためにはどうしたらよいだろうか？

毎日を目標の達成のために生きる人がいる。その典型が「大学受験生」である。大学の受験生はすべての生活を大学合格という目標に捧げる。まれには受験時代が充実している人もいるが、多くの学生は苦しむ。そして、この時期に勉強が嫌いになる人も多い。

長い人生、時に受験時代を過ごすことも悪くはない。が、それは「若いこと」と「一時期であること」が条件である。人生を「目標のために生きる」と苦しい。

人間は目標のためには生きることができない。人間に生きる力を与えてくれるのは、以下の2つである。

（1）目標があっても、その目標が達成されるかどうかには関心がないこと。

（2）自分のためではなく、愛する人のために生きること。

それしか生きる方法はない。

私の目標は普通の人とは少し違っている。たとえば会社員の時であれば私の目標は出世して「社長になる」ではなく、「この研究を成功させたい」というのが目標だった。研究が成功したらどうなるか、などとは考えなかった。

大学の管理をしている時には、「学長になる」という目標を立てても私はファイトが湧かなかった。学長の仕事は意外に単調なものである。「工学教育をよくしたい」とか「この大学をよい大学にしたい」というのが私の目標だった。

学長補佐をしていた頃、毎日、夜遅くまで学長室で仕事をしていた。ある時、私と親しい事務の人が「先生、学長を目指して頑張ってください」と励ましてくれた。私は「ありがとう」と応えたものの、自分が夜遅くまで働いているのは「その大学をよくするため」とは言えなかった。他人からすれば歯の浮くようなセリフであり、そういうことは胸の内にしまっておくものだと思っているからである。

それでも私の人生が順調だったのは、目標が普通とは違っていたからではないかと思う。

学生時代の目標は「一番になりたい」ではなく、「勉強ができるようになりたい」であった。会社時代は「社長になりたい」ではなく、「仕事を成功させたい」が目標だった。大学時代は「学長になりたい」ではなく、「大学教育を改善したい」が目標だった。

しばしば中学や高等学校で先生が生徒に夢や目標を書かせることがある。「東大に行く」「社長になる」「お金持ちになる」……それはみんな「他人との関係」において「勝つ」ことを要求する。自分の目標に他人との競争が関わってくると、それはしばしば挫折に結びつき、暗く苦しいものになってゆく。

勉強ができるようになりたい、仕事を成功させたい、お金を節約し家族に安心を与えたい……そういった目標は自分自身で完結し、自分だけでできる。だからストレスはないし、一度や二度失敗しても気にする必要もない。

勉強をすれば必ず少しはできるようになる。仕事は時に失敗することもあるが、何度か挑戦しているうちにやがて成功する。「稼ぐに追いつく貧乏なし」というように、一気に金儲けはできなくても精一杯働き、節約することはできる。どれも自分ひとりで達成可能な目標である。

そういった目標は、一緒に暮らす世の中の人を押しのける必要がないから、それほど恨まれない。勉強ができるようになり、仕事が上手くいけば地位が上がり、人より上に立つかも知れない。でもそれはあくまでも「結果的にそうなった」ということであり、「人の上に立つこと」自体を目的にしていない。このところは非常に大切だ。

私はこれを「お布施主義」ということもあるし、「日々主義」と呼ぶこともある。お坊さんは檀家に呼ばれると出向いて一所懸命にお経を読む。読み終わってお茶が入り、檀家の人としばらくお話をする。そして帰る段になるとお布施が包まれる。少ない時もあるし多い時もあるけれど、それはお経を読む時にはわからない。いつも一所懸命お経を読み、結果としていただくものである。

人間は目標がなければ生きていけない。でも目標を達成することに意味があるのではなく、目標を置くことによって日々、充実して生きることができることに意味があるのである。だから「目標のために日々が苦しくなる」というのでは意味がない。

人間はやがて死ぬ。だから最終目標は死ぬことと言っても過言ではない。でも、同時に自分の人生はかけがえのないものである。その人生を充実して送るためには、

(1) 他人と関係のない目標を立てる。できれば他人を助ける目標がよい。
(2) 目標は毎日のためにある。目標のために毎日を過ごさない。

以上のことを決めれば人生はずっと楽しく、ラクなものになるだろう。

自分で決めることができず「向こうから来るもの」を目標にしてはいけない。自分ができることに力を注ぎ、向こうから来るものは気にしない。試験を受ける時、勉強は一所懸命やるけれど、点数は気にしない、あるいはお店を大きくしようとするのではなく、毎日お客さんに喜んでもらえるよう心がける。それがよい目標の立て方だと思う。

第四章　社会

「空気を読む」が道徳となった社会

二十世紀の初め、フランスのパリに一人の天才的な女流デザイナーが現れた。ココ・シャネルである。彼女は大衆、それも多くの女性が富と力を蓄え、まもなく上流婦人はパーティー用のドレス、農家の婦人はモンペから新しい服を着て町に出ると予感したのだろう。婦人用の帽子から始めてパンタロンまで女性服のデザインに革命をもたらした。

それから20年、アメリカのニューヨークにこれも一人の天才、マックス・ファクターが現れ「メーク」というものを女優の顔に施し始めた。それまで「頬に白粉、唇に紅」と決まっていたのを「新たに顔を作る＝メーク」という概念と手法を編み出したのだった。

その後、シャネルの先駆的仕事はサン・ローラン、ディオールなどに引き継がれ、マックス・ファクターは世界一の化粧品会社を作り、メークもまた大衆のものになった。

そして新しい時代の流れと未来の社会を的確に描画したのがオルテガ・イ・ガセットが書いた『大衆の反逆』であった。世界的な名著として数えられるオルテガの著作はその激しい文体と余りにも革新的な内容から評価は分かれたが、出版から100年、彼の指摘があらゆる面で正しかったことが示されている。

その中でも「貴族はアイデンティティーを求めるが、大衆は同一を求める」という鋭い観察力には頭が下がる。

それまでの貴族は一人ひとりが精神的にも物質的にも独立していたので、その存在価値は他の人とは違う「独自性」にあった。だから付和雷同したり、他人の考えに唯々諾々と従うことを嫌った。しかし、大衆はいちいち考えるのは面倒なので、できるだけ考えず、他人と同じ事を好んだ。最近の言葉で言えば「空気を読んで、それに従う」ということである。

だから、大衆の時代には、誰かに扇動されて社会全体が動き、いったん社会の雰囲気が決まると誰もそれに反対できなくなる。その結果、情報操作によって容易に戦争を始めたり、虐殺が起こったりする。大衆とはそういうものであるとガセットは言った。

はたして、二十世紀はファッションにおいて大衆化したとともに、社会は扇動に弱くなり、第一次世界大戦、ナチスの台頭、第二次世界大戦、ユダヤ人の虐殺に結びついた。

日本においてこのガセットの理論を精密に適応して成功したのが「朝日新聞」だった。

戦前、まず朝日新聞は反アメリカのスタンスをとり、アメリカ精神を具現化したスポーツとしての野球を憎み、初めて日本で野球の試合をした早稲田・慶応の両大学に対して野球を止めないと大学を潰すと脅す。その後、松岡外相の国際連盟脱退、アメリカに対する宣戦の推進など「鬼畜米英」を唱えて日本を戦争へと導いた。

すでに大衆化していた日本社会は朝日新聞の扇動に乗り、アメリカ憎しを叫び、和平の道を探る文化人を弾劾し、軍部を後押しした。

そして戦争に負けると、朝日新聞はその方針を180度転換し、まず俗に「甲子園」と言われる全国高校野球大会を推進、それも高校教育とリンクさせた特殊なシステムを構築した。さらには再軍備反対、米軍基地撤廃などの左翼運動の中心として活動し、さらには、従軍慰安婦事件、南京大虐殺といった歴史的なでっち上げまでするようになった。

ごく最近では安倍首相が憲法改正を提案すると、半年ほど古いニュースであった加計学園問題の大キャンペーンを張り、からめ手から大衆の扇動を行っている。

もちろん、オルテガ・イ・ガセットが予言した現象は朝日新聞に留まらない。原発事故の時の一年一ミリシーベルト無視の事件、STAP細胞の時の世論操作、さらには突如として一つ一つの不倫が社会の大ニュースになるなど、「同一化」、「空気を読む」という大衆化が深く進行している。

あるときに地上波で、「あなたはなぜKY（空気が読めない）なのか」というその原因を追及する番組に出た。「空気を読む」ということが人間として必要なことであり、それができない人は欠陥があるから、識者が直して上げるという内容だった。

オルテガ・イ・ガセットの著作から100年、すっかり大衆の時代に入った現代日本は一人ひとりの判断力や独自性より、「空気に従う」ことが道徳となり社会を生きる基本的な技術になった。そういえばSTAP論文騒動の時、現代社会を鋭く解説するので有名な人が小保方さんを口を極めて批判するので、著者が「私は論文を読んでみたのですが、立派でした。なんでダメと思うのですか？」と聞いたら、「皆が言っている」という返事が返ってきた。

まさに一億総大衆時代、それもオルテガが言った「初期の大衆」からまだ脱していないのだ。

本当の人の一生、人の価値というのは、無理矢理、他の人との差異を問題にする必要はないけれど、しっかりした情報に基づき、少なくとも基本的な考えは自分の経験、知識、推論から出したものでなければ、「我思う、故に我あり」と遠く離れてしまう。

シャネルやマックス・ファクター、それにオルテガが新しい時代を拓き、予言してからほぼ100年、我々はまだ精神的には貴族社会の時代の貧民に留まっていて、その錯覚の中で幸福を追求しているとも言える。

勝てば官軍——力で勝った方が「正義」とされるアメリカ的発想

ハツカネズミをオス一匹、メス一匹の番《つがい》でカゴの中で飼育する。人間の場合は交尾をしたからといって必ず妊娠するとは限らないが、ハツカネズミでは交尾をすると妊娠する。そこで、ブルース博士が次のような実験をした。

オスと交尾したらすぐメスはカゴの中にそのままにして、オスだけをカゴから出して、別のオスに「入れ替える」。普通ならカゴの中のメスは100パーセント妊娠するはずであるが、この場合は子供を産まない。その理由は、メスは新しいオスが現れると受精直後のお腹の子供をおろすからであり、これをブルース効果（第1パターン）という。

もう一つの実験は、オスとメスの番を交尾させ、子供が産まれた瞬間に、子供はそのままにしてメスの方を入れ替える。オスは突然、自分の妻が変わり、その妻と自分の子供が一緒にいるという状態になる。そうすると、オスは子供を殺す。本当はメスだけが入れ替わっているのだが、オスはメスが変わったのだから、そばにいる子供は自分の子供ではないと思う。さらにこれと反対の実験。交尾をした自分の妻、つまり妊娠して子供を生んだメスはそのままにして、生まれたての子供だけを入れ替える。そうすると、オスは妻が自分の妻であれば、他人の子供でも自分の子供と思って子殺しはしない（ブルース効果の第2パターン）と言われる。

その後の研究の成果もあって、この「子殺し」は次のようなことが原因だと考えられている。

ハツカネズミはメスだけでは力が弱く子供を満足には育てられないので、夫婦ともに協力して子供を育てる。でもそれほど生活力がないので、他人の子供を育てるほど余裕はない。そこでオスとメスの共通の「倫理」は「自分たちの子供だけでも、安全に育て子孫を残す」ということになる。

インドにすむヤセザルの一種で「ハヌマンラングーン」というサルがいる。霊長類は集団性があるので、このサルも集団で生活しハツカネズミのように夫婦単位の生活ではない。サルの共通の掟に従い、オスは激しい戦いの後、その中の一頭のオスが「ボス」になって、多くのメスを伴い、「ハーレム」を作る。ボスの特権はハーレムのメスと交尾し自分の子供を作ること、そして義務は命を賭けて群れにいるメスと子供の安全を守ることである。

しかし、やがて年老い、あるいは怪我をしたりして、ボスの座を奪われる。そのときに驚くべき異変が起こる。新しいボスは群のメスに自分が新しいボスであることを知らせ、メスを従える。次に、群れにいた前のボスの子供を殺しにかかる。母親、つまり群れにいるメスは新しいボスが自分の子供を殺すのを抵抗もしないで見ている。そして前のボスの子供がすべて殺されると、母親は直ちに発情して新しいボスと交尾し、その子供を産む。

次に、「パタスモンキー」というサルは集団を作って生活し、集団はボスザル一頭とそのハーレム、つまり多くのメスザルと、まだひとり立ちできない子供のサルで構成されている。環境の厳しいところに棲むパタスモンキーのボスザルはだいたい平均2年という短い期間にその地位を交代する。毎年、群に侵入を試みるボスザルは3匹から5匹程度で、大きな集団を持とうとすると、7から8匹程度のオスを撃退しなければならない。しかもパタスモンキーはサルの中でも飛び抜けて発達した犬歯を持っていて、ボスザルの地位をめぐる戦いは生きるか死ぬかの戦いで、戦いに負けたサルは再び立ち上がれないほどの傷を負う。

ボスザルの地位をめぐるこの戦いは、オスだけの宿命で、観戦するメスにとってはいわば「どうでもよい」戦いである。どうせパタスモンキーの世界では数年に一度はボスザルが交代するのだし、どのオスザルがボスになろうともメスにとって状況は変化しない。

「なに、馬鹿なことやってるの？」といった具合で、できるだけ力の強い、判断力のあるオスに勝ってもらいたい。そうすれば、餌も増えるし、群は安全、そして自分が産んだ子供も健やかに育つ。また、メスは自分の子供を産む数が制限されているので、「ボス」になっても自分のＤＮＡを引き継ぐ子供の数は殆ど変わらないが、オスはボスになるかならないかで「子孫大勢」か「なし」の差ができる。オスの戦いは生殖のメカニズムから合理的である。

ハツカネズミのブルース効果と二つのサルの習慣から、生物の二大行動規範（倫理）がわかる。一つは「自分の子孫を残すこと」であり、二つ目は「暴力が正義」である。この二つの規範は種の保存という大きな目的を達成する上では全く合理的である。人間以外の生物の規範（倫理）は人間に適応できるのか？　もしくは参考になるのか？　このことには賛否両論がある。

１９９０年、いわゆる「湾岸戦争」が勃発した。イラクのフセインという、アメリカ嫌いで暴力好きな大統領が起こした戦争と言われている。フセイン大統領の言い分は「もともとクエートという国はイラクのものだった、それを昔、欧米人がきて暴力で占領し、クエートという国を作ったのだ」というものである。それはそれで一理あるが、軍隊という名の暴力集団を持つアメリカは「多国籍軍」という組織を作って戦った。

日本ではイラクの暴力は悪い暴力であり、アメリカの暴力は正しい暴力と考えるのが一般的で、アメリカ兵が死ぬと問題になりイラクの兵士が戦死しても知らん顔だった。アメリカの暴力が正義の暴力であるのは、アメリカがイラクより強いからである。つまり、アメリカが勝つことは「正義は必ず勝つ」という信念を満足させる。しかし、正義が勝つのではなく、腕力の強い方が勝ち、腕力の強い方を正義と定義していると考えるべきだろう。

このように人間社会の倫理も「暴力」を基盤にしている場合が多い。また自分自身の行動を反省しても動物としての自分が顔を出していることも認めざるを得ない。

1925年にアメリカ・テネシー州デイトンで起こった「スコープス事件」は有名な事件である。当時学校の教師であったジョン・スコープスが授業中にダーウィンの「進化論」を生徒に教えたかどで訴えられた。日本の常識ではダーウィンの進化論は「学説」であり、しかもヒトがサルから進化したという考え方は正しいものとされている。

この事件は当事者達が最初から仕組んでいたこともあるが、テネシー州ばかりでなくアメリカ全土で話題になり、その年の7月10日から20日に裁判が開かれ、教師のスコープスは、「進化論を学校で教えたかどで有罪」という判決を受けた。アメリカの中南部ではキリスト教の信仰が厚く、今でも法律で進化論を教えることを禁止している町が多く、レーガン大統領の時代にも「生物の授業で進化論を教えるなら、キリスト教の創世記も同時に教えるべきだ」という運動が盛んに行われたことも知られている。たしかに創世記に従えば神がこの世を作られたのは「紀元前４００４年10月23日の午前９時」とはっきりと決まっている。

進化論の争いはスコープス事件以後も続き、論争に疲れ果ててしまったアメリカでは、イリノイ州オーロラ市で中央博覧会が行われるのを機会に「進化論と反進化論の決闘」をすることになった。中央博覧会の会場に線路を引き、その上に大きな機関車「進化号」と「非進化号」を据え、この二両の汽車にそれぞれ二両の客車をつけてお互いの方向へ走らせた。このときの機関車の時速は48キロ。衝突の速度は96キロ。衝突して脱線したほうが負けで、負けの方の説が誤っているという決め方である。つまり「正義は勝つ」「暴力は正義」という判断基準である。

実際は衝突直後に両方の汽車が脱線して勝負はお預けになった。

「この世の中は神が支配しており、神は正しい方に味方するはずだ」、つまり正義は勝つという考えに基づけば、決闘をすれば神は正しい方を助けるに違いない、人間の考えなどは神様に比べれば、浅はかなものなのだから、考えたり議論したりするより、決闘して神様に聞けばよいじゃないか、というわけだ。

トルストイの『戦争と平和』にも決闘場面が出てくる。ピストルが数段巧いごろつきに、ピストルを初めて握る平和主義者で「正義」のピエールが決闘を挑むシーン。トルストイはピストルを握ったこともないピエールが勝つ筋書きを作り、読者も「正義」のピエールが「暴力主義のごろつき」と決闘した勇気と「暴力」でやっつけたことで喝采する。

先ほどのイラク戦争の場合でもそうである。「強い方が正義」というのを現代風の理由付けをすれば「強いということは結局みんなの支持を得ていることであるので、それが正しい」ということになる。第二次世界大戦で日本が負けたのは日本が「悪い」からであって「弱い」からではない。日本人は深く反省して、天皇制を止め、軍を解散し、ひたすら経済のみを追求すべきである。それに対して「勝った」アメリカは「強い」から勝ったわけで「資源が豊富で科学技術が上だから」勝ったのではない。神様が「正義のアメリカ」を勝たせたのであるから、勝ったほうのアメリカは戦争をし、原子爆弾を落としても大統領が虐殺罪で銃殺になったりすることはない。

私たちも暴力が正義として行動していないだろうか？「倫理」が「暴力を正義」を基礎にしていないだろうか？　人間は生物の中でも「頭脳の叡智」によって暴力から脱離できる種なのか、あるいは暴力を正当化する言語を有しているだけか？

物事を一面的に見てその日、その日を暮らすことはできるし、多くの場合、私たちの生活はそのように送られる。その中で何回かは深く生命倫理や人間の叡智に考えを到らせることは、それだけ人生を豊かにするものだ。

憂鬱な八月
――WGIP（ウォー・ギルト・インフォメーション・プログラム）の残像

毎年、八月になると憂鬱である。8月6日、9日の原爆の日から始まって、15日の終戦、それだけでも憂鬱なのにその間の12日には日航ジャンボ機御巣鷹山墜落の慰霊日に当たる。さらに追い打ちをかけるようにNHKが暗い戦争の特集を組む。

お盆でご先祖様がお帰りになる準備も必要だから、一年にほぼ一ヶ月は日本人は憂鬱な日々を過ごさなければならない。元気がなければ体の調子も悪くなるので、熱中症も増えるはずだ。

ところで、先の戦争、大東亜戦争とも太平洋戦争とも呼ぶが、この戦争が「憂鬱」の原因となっているのは、「事実」ではなく「アメリカが作りだした罪教育（War Guilt

Information Program)」という幻想の産物である。

白人（アーリア人）はルネッサンスを経て15世紀頃から急速に力を付け、武力を持って世界を征服してきた。白人の付けた歴史用語から言えば「大航海時代」と呼ぶらしいが、有色人種が名付ければ「血塗られた征服時代」とでも言うのだろう。

わずかにヨーロッパのポルトガル、スペイン、オランダ、イギリス、フランス、それにイギリスを逃れた人たちがインディアンを虐殺して作ったアメリカ合衆国の6カ国がほぼ全世界を占領したのだから、暗い500年だった。

そして19世紀の後半に入り、世界の有色人種でただ一つ、白人に従わなかった日本に猛然と白人が襲ってきた。当時、形式的に白人の占領地でなかったのは、エチオピア、シャム（タイ）、支那（今の中国の一部）、それに南米だったが、南米は元いた民族のほとんどが虐殺でいなくなっていたので、実質的にヨーロッパの国のようなものだった。

エチオピアは後にイタリアに支配され、シャムはイギリスとフランスの占領地の緩衝地帯として、さらに支那は白人側に寝返っていた（白い中国人とも言う）。

最初に日本に牙を剝いたのはロシアで日露戦争になった。次の日本の相手は第一次世界大戦のドイツ、さらに白人に寝返った中華民国（現在の中国共産党ではない）だったが、最後に「日本人を地上から抹殺したい」というアメリカのルーズベルト大統領を、当時の共産党の世界組織コミンテルンが後押しして、ABCD包囲網（アメリカ、イギリス、支那、オランダ）を作って日本を締め上げた。

開戦前、永野軍令部総長が言ったように「戦わなくても滅亡、戦っても滅亡」の淵に立たされた日本は一発逆転をかけて戦争に打って出て「勝った」！

「エッ!?　勝った？　負けたんじゃないの」と人は言う。日本はイギリス、アメリカ、オランダ、支那、そして実質的にはフランスと戦ったが、形式的にはアメリカだけに負けた。でも、本当は日本は戦争の目的を達したという意味では勝利している。

日本が戦争を行ったのは、新しくどこかを占領しようとしたのではない。「日本も独立国だから自国の領土は自由にやらせてくれ」と言ったに過ぎず、「お前らは有色人種だから日本列島だけに後退しろ」という白人の命令を聞かなかっただけだ。

日本の奮闘の結果、（1）アジア、アフリカの全ての国は白人の支配から独立した（勝ったアメリカですらフィリピンを手放した）、（2）白人が好き勝手に有色人種の国を占領する事は許されなくなった、（3）日本も繁栄し飛躍的な経済発展を遂げた、などの戦争目的を達成したのだった。

だから、8月15日は「世界の有色人種解放の日」であり、輝かしい日本人の活躍を祝う日なのに、なぜか反省している。武力で有色人種を押さえつけていた白人の国を一網打尽にやっつけたのだから、日本人の先祖は実に偉い。今から1000年も経つと、その偉業は世界の歴史に刻まれることも間違いない。

でも、戦後、アメリカが占領していたときに沈んでいた日本人に罪教育、ウォー・ギルト・インフォメーション・プログラムを施した。何でもかんでも日本人の責任だという。そのために戦前の日本の書籍を焚書（約8000冊）し、広島の原爆投下ですら「過ちは繰り返しませぬから」と主語を省いて広島に記念碑を建て、原爆投下の罪を隠蔽するために東京裁判という名前のリンチ事件を起こしている。

もちろん、朝日新聞、NHKなどの反日団体がアメリカに追従したのはオルテガ・イ・ガセットの理論からいって頷けるけれど、残念なのはそれによって日本人の八月が暗くなり、一年の十二分の一の幸福が奪われたことだ。

人間の幸福や人生は、単にその人個人の環境だけで決まるものではない。国の発展、正義感に満ちた社会、先祖の偉業、民族の誇りなどに大きく左右される。大げさに自らの国の歴史を美化する必要はないけれど、反対に無意味なほど卑下するのもよくない。

戦後、70年、日本人はアメリカに与えられた歴史ではなく、自ら事実を整理してそれを日本社会に定着させるべきだろう。

四日市と水俣――市民運動が引き起こす悲劇

人間の活動が明らかに自然の活動の一部を上回ったのが第二次世界大戦後のことだった。なにしろ戦争で技術が大きく発展し、工業生産量が飛躍的に伸びたからだ。まだ作ったものを捨てるときにどうして捨てたら良いかなどまったく念頭になかった時代である。

１９５３年に起こったロンドンスモッグでは12月から3月までに約一万人が死亡したと言われるが、原因は石炭をくべた暖炉からの煙だった。何しろ公害の初日は映画館の観客席からスクリーンが見えないぐらいスモッグが濃かったと言われている。

「まさか!?」というのが当時の人々の感想だ。人間が出した煙で人間が死ぬ!?　そんなことあるの、という驚きである。

公害は続いてアメリカや日本のような先進国で起こった。日本では約十年後の水俣病と四日市ぜんそくが有名だ。

水俣病の原因は水銀だったが、暖炉の石炭と同じように昔から水銀は大量に使われていて、まさか毒物とは思われていなかった。奈良の大仏に金箔を貼るのに水銀アマルガムを使ったし、神社の朱色の塗料には硫化水銀、女性の白粉には酸化水銀、歯に詰める材料にも水銀がそのまま使われていた。

膨大な水銀が2000年以上にわたって使われていたが、若干の防腐剤効果ぐらいしか認められていなかった。だから国（国民とも言える）は今から見れば大甘の規制値を公表していた。

水俣ではチッソという会社が水銀を触媒として使った最新工場を作り、大きな誇りを持って運転を開始した。しばらく立って水俣湾で操業していた漁民に奇妙が病気が発生したが、誰も水銀が原因しているとは思わなかった。なにしろチッソは環境基準を守って運転していたからだ。

四日市でもほとんど同じように事態は進んだ。急速に工業化が進む四日市市、林立する煙突。今では煙突は公害の象徴のように言われるが、戦前までは「煙突のある町」というのは繁栄の象徴だったのだ。だから、工場労働者の社宅はできるだけ通勤の便が良いように工場の近くに作られた。

本格的に工場が動き出してまもなく、工場の周囲で喘息《ぜんそく》がはやりだした。そしてやがてそれが工場の煙突からの二酸化硫黄（亜硫酸ガスと呼んでいた）であることがわかり、煙突を高くした。まだ「人間が排出する毒物が人間を攻撃する」という概念がなかったので、二酸化硫黄を減らすのではなく、煙突を高くすればよいと思ったのだった。

ところがなんということか、煙突からでた煙が遠く市内に落ちるようになり患者は倍増した。ロンドンでも水俣でも、また四日市でも人知は及ばなかったである。

騒動が発生し、患者が増え、社会問題になり、政府が関与するようになるという経過はロンドンでも水俣でも四日市でもほぼ同じように進んだ。それなのに、事件の結果は大きく異なり、水俣はチッソが小さな会社になり、市も市民も大きな打撃を受けた。これに対して四日市は発展し、空気は綺麗になって患者は居なくなり、今では一人あたりの工業出荷額は日本一に近い。

なぜ、同じ公害がこれほどの違いをもたらしたのだろうか？　もちろん水俣の多くの人たちは不幸になり、四日市の人は幸福になった。

水俣では市民運動が起こり、市の外の人たちも参加して会社の責任を追及し、会社からお金を取ることに終始した。関係者を罵倒し、メディアはさまざまな角度から会社の不作為を追求、裁判では「無過失責任」という奇妙奇天烈な判決がでた。

もともと水銀が毒物なら太古の昔から使っているのだから障害がでたはずだ。それが「水俣病」と名前がついていることからわかるように、水俣が最初の発生場所だったというのはどう考えても奇妙だ。水銀の量か、魚の体に入ったというルートか、それともともと間違いか？　ナゾはまだ解けていない。

一方、四日市では工場の責任を追及するより「どうしたらよいか」という議論の方に進んだことで解決に向かった。

市民運動は「住民を救う」というお題目はあるけれど、それはお金の解決であり、生活やその人たちの幸福は念頭にない。だから解決の方向に行かずに責任追及になってしまう。だから結果的に住民が最も悲惨になる。それが反対運動というものだ。

住民運動は善意で行われる。決して住民を悲惨にしたいと思っているわけではない。でも、人間の行動は常に意外な結果をもたらす。よかれと思ったことが悲惨な結果をもたらすことは多い。学校で勉強している時には成績の良いことを望むが、成績が良いということとその人の人生が幸福であるかはまったく別ものである。むしろ、不運が幸福を生み、幸運が不幸を産むものである。

その後の日本でも、基地闘争、空港闘争、沖縄闘争、平和運動など多くの市民運動があり、それらは善意で行われているが、果たして結果はどうだったのか。現在は北朝鮮問題で戦争になる可能性が高いのに、平和運動団体がまったく動かないという現状を見ると人間の行動規範はどこにあるのかと考え込んでしまう。

「世に盗人の種は尽きまじ」人間の本質をついた石川五右衛門

いまではスイッチをひとつ押すだけで綺麗なお風呂に入れるが、昔は「お風呂をたてる」だけで一仕事だった。昼過ぎになると薪を切り出し、適当な分量が揃ったら五右衛門風呂の下の竈《かまど》で焚き始める。五右衛門風呂というのは下が丸く鉄でできているために熱が伝わりやすいので江戸時代は盛んに使われていた。

十返舎一九の『東海道中膝栗毛』に、弥次さん喜多さんがとあるところで五右衛門風呂に入ろうとしたら風呂の底が熱くて入れない。仕方なく下駄を履いて入ったら風呂を壊したという失敗談が書かれている。

私も昔、経験したことがあるが、熱い釜の底に足が触れないように水面に浮かんだ木の板をそろそろと沈めながら入る。板の中心に足が来ないとバランスを崩してひっくり返るので、注意してそっと体を沈めるのである。少し脱線するが、「五右衛門風呂」というのは風呂の下が鉄製で上の部分は木で出来た桶のような形をしている。でもそのうち全体が鉄で出来たお風呂が出現した。本当は「長州風呂」というのだが、いまでは両方とも五右衛門風呂と呼ばれている。

ところでその「五右衛門」だが、ご存知の通り豊臣秀吉の時代に活躍した大盗賊で、河内の国石川村で生まれ長じて大盗賊になる。ある時、豊臣秀吉が伏見城に持っていた千鳥の香炉を盗もうと城に忍び込んで取り押さえられ、釜ゆでの刑に処せられた。その時の釜が後に「五右衛門風呂」と呼ばれることになった風呂だったのである。

さらに話は脱線するが、石川五右衛門の話は彼が活躍した時代から200年ほど経って書かれた『絵本太閤記』で宣伝されたものだから、どれほど正しいかは不明だが、文禄三年に処刑の記録があるので実在の人物という見方もあり、一節には秀吉を暗殺しようとして忍び込み失敗したとも言われている。

世紀の大盗賊、石川五右衛門がいよいよ釜ゆでの刑でこの世を去る時、辞世の句を詠んだのだが、それが「濱の真砂は尽きるとも世に盗人の種は尽きまじ」という超有名なものである。この句は実に素晴らしく、その短いフレーズの中に人間社会の本質が示されている。さすが五右衛門！

人間の性質は「悪なのか善なのか？」は昔から論争のあるところだ。ある偉い人は「性善説」を唱え、別の人は「性悪説」を主張している。もし人間の心がもともと悪いものなら、社会の規則は悪いことをしないように注意して作られなければならないし、もし、もともと人間の心は良いのに、社会のシステムが悪いからついつい悪いことをするなら「良い社会」を作ればよいということになる。

性善説、性悪説というのはかなり真面目な話で、人間は本来、良い性質なのだから「ユートピア」を作り、みんなで働き、みんなでニコニコ、平等に楽しく生活をしようという試みが何回も行われ、その度に失敗したりしている。でもそんなつまらない話はもう止めたいものである。というのはあの石川五右衛門が、辞世の句で正解を出しているのだから。

私たちの心には、人に良いことをして喜んでもらいたい、自分も努力して立派な人間になりたい……という前向きの心と、あいつは憎い、イジメてやりたい、出来ればズルをして電車賃をごまかしたい……といった後ろ向きの心が同居している。多くの人は良い心もあれば悪い心もあるだが、何億人もいるとその中には良い心がほとんどの人もいれば、悪い心だけと言ってもよい極悪人もいるということになる。

私たちの普段の生活でも「この位ならよいだろう、この程度は許されるだろう」と思っているうちにだんだん心が悪いほうに傾いていくことがある。そうすると今度は自分の判断の軸が悪い方に寄っているので「この位なら」の「位」がますます悪い方へ寄っていく。

一度生活が乱れるとなかなか立て直すのが大変であるのは、そのような理由からである。「小さな悪事を重ねているうちにだんだん善悪の感覚が麻痺する」というのはまさにそういうことである。

私たち一人ひとりの善悪の判断基準は、大勢で暮らす社会になると全体の判断基準となる。例えば、心の中に「人を殺したい」という気持ちが一万分の一くらいある人が一万人集まると、その中の一人が殺人を犯すということになる。

これを「降雨確率」に置き換えたらどうだろう。例えば今日、雨が降る確率が0・27パーセントであるとしたら、これはもう降水確率0パーセントと表示され、ほとんどの人は傘をもって出かけない

ところがもし自分の心の中に0・27パーセントという少ない割合で「あいつを殺したい！　殺したいほど憎い！」とか「あいつは死ねばよい」と思う心があるとすると、0・27パーセントなので一万人が暮らす社会では27人が殺人犯になる可能性があるということになる。

石川五右衛門が残した「濱の真砂は尽きるとも世に盗人の種は尽きまじ」を現代風に言い換えるとこういうことになる。

「盗人がいるのは、自分の心の中に盗んでやろう、電車賃をごまかそうという心があるか

らで、その割合だけは盗人が出る。だから自分の心の中に盗む気持ちがある限り、社会の泥棒はなくならない」

今から20年ほど前のことだが、ある人が私に言った。

「武田さん、なんで暴力団というのがあるんですか？〈暴力団〉と言うぐらい暴力を振るうのだからすぐ監獄に入れればいいじゃないですか！」

その時、私はこう答えたと記憶している。

「ダメなんだ。暴力団を捕まえてもすぐ新しい暴力団ができるから、意味がないんだよ」

暴力団とは私たちの心の中にある暴力的な部分を代表してくれている人たちで、その人たちがいなくなるためには私たちの心の中に暴力的な部分がなくならなければならない。

夏になり、なにか痒《かゆ》いと思って腕を見ると蚊が血を吸っている！癪に障ってピシャリとその蚊を叩いて殺したとする。それは私たちの心の中に暴力で物事を片付けようとする気持ちがあるからである。かといって蚊に「痒いからあっちへ行ってくれ」と言っても蚊には言葉が通じないし、第一、蚊は人間の血を吸わないと生きていけないのだからどうにもならない。

暴力団が社会からなくならないのは、まさしくそういう事なのである。だから盗人がいるのは社会や人間、そして生命の根源に関わることなので「濱の真砂」、つまり海岸にある砂粒が全部なくなってしまっても……そんなことはあり得ないことだが……それでも盗人が居なくなることはない。それほど盗人というのは人間そのものなのだ、石川五右衛門はそう言ったのである。

このように社会の動きは私たち一人ひとりの心の鏡のようなもので、社会の現象を見ていると自分自身が恥ずかしくもなる。

2000年間戦争をしなかった民族

アラビア半島北西部に位置し、西側にイスラエル、東側をヨルダンに接する塩湖「死海」、この湖に流れ込むヨルダン川のほとり、河口から15キロメートルほど内陸に入ったところにエリコという町がある。有名な黒人霊歌「ジェリコの戦い」は旧約聖書によるエリコの攻防戦を歌ったものだ。

この町は紀元前一万年ほど前に作られたとされている。四大文明が花開く少し前、10万年も続いた氷期が終わり、ようやく地球上に暖かさが戻ってきた頃のことである。エリコは現代人の文明ができて最初の町とも言われる。

美しいヨルダン川のほとり、肥沃な土地にあったエリコは少しずつ発展して旧約聖書が書かれる少し前には立派な集落となっていた。

紀元前2000年、今から4000年前、ヨシュアに率いられたユダヤの民がこのエリコを襲う。エリコの町の城壁を囲んだヨシュアの軍はエリコの城兵の疲労を待って一気に突入した。エリコは陥落し、ヨシュアの軍は当時のしきたり……正しい行為……に従ってエリコの男を皆殺しにして、女や子供を奴隷にした。

ヨーロッパの血なまぐさい歴史は旧約聖書に記録されたヨシュアの攻撃に始まり、エリコは紀元前1500年にはヒクソスの攻撃に晒されて再び全滅する。

血なまぐさい歴史はその後も続き、かつて繁栄したエリコの町を発掘すると頭蓋骨を割られ、肋骨に矢じりの刺さった骨が無数に発見される。文明とは、かくのごとく凄惨なものである。

メソポタミア以後、お隣のエジプト文明と合体してヨーロッパ文化が花開くが、ミケーネ、ギリシャ、マケドニアのアレキサンダー大王、ローマのシーザーと歴史を重ねても虐殺の記録はますますその度を深めるばかりだった。そしてやがて2000年の歴史を経て、第一次世界大戦、第二次世界大戦と進み、日本に原子爆弾を落とすまでになる。

第二次世界大戦の犠牲者6000万人。

人間とはそういうものである。チンパンジーなど一部の例外を除けば、人間以外で同じ種を殺す動物はいない。食糧が尽き、餓死する寸前になってもオオカミはオオカミを食べず、ライオンがライオンを襲うことはない。

ところが人間は違う。オオカミやライオンよりもどう猛でどうしようもない。食糧が十分あっても自分の言う通りにしないからといって攻め、降伏しないからといって皆殺しにする。それだけでは止まらない。将来、大きくなって仕返しをされるのではないかと心配して乳飲み子を殺すことまでする。

実に残虐であるが、それが人間だから仕方がない、と私はつい最近まで信じていた。でも、それは違うのだ。

北海道常呂《ところ》。網走の少し北に位置する集落で、ロマンにあふれたサロマ湖のほとりにある。寒冷な気候の常呂には2000年来、アイヌが住んでいてその遺跡が多い。東大常呂研究所が長い間、この地域の遺跡を発掘し、気の遠くなるような作業をしながら、アイヌの文化を解明している。

常呂は北海道内であるが、同時に海岸はオホーツクに向いている。だから千島列島、樺太などと文化を共有してきた。オホーツク・アイヌという呼び方はないが、北海道とオホーツクの文化を併せ持ったアイヌが住んでいた。

不思議なことがある。気候は厳しい、収穫には波がある。いつでも平和で豊かであるばかりではなく、時によっては食糧が尽き、ある時には強大な指導者が出現する。そしてシャチと呼ばれる砦もある。だから、ここでも絶えず戦争があり、殺し合い、より強い集落が弱い集落を攻め滅ぼしたに相違ない……そう思った。

負けた集落の男は皆殺しにあい、女や子供は奴隷になっただろう。

しかし、東大常呂の研究所の発掘記録を見ると、奇妙なことに気がつく。シャチは日本語で「砦《とりで》」と訳されているが、頑健な石垣もなく堀もない。北海道に和人が作った松前城のような本格的な城ではない。単に柵のようなものだ。

それよりおかしいことがある。それは発掘されるアイヌの遺骨に刀傷や槍傷などがほとんどないことである。北海道全土では、今まで3体ほど槍傷を認める骨が発掘されているという。でも、その数や出土の様子はエリコの比ではない。

城もなく、傷の付いた骨もない。武器としては刀を和人から手に入れても儀礼に使った記録しかない。狩猟民族として動物を仕留めるナタや弓矢は発達していたが、それを人間に使ったことはないと思われる。

驚くべきことだ。アイヌには２０００年間、戦争がなかった。もちろん和人が攻めてきてアイヌを騙した時には戦争になっている。コシャマインやシャクシャインの戦いがそうであるが、これは自分の家に強盗が入ってきたようなものだから戦争とは言えない。

北海道には少なくとも20万人程度のアイヌが住んでいたと推定される。しかも寒冷な地ゆえ、食糧はそれほど豊かではない。当然、力のある集落と小さい集落もある。チセと呼ばれるササ葺きの家がいくつか集まってコタンを作っていた。人間の常だから争いはあったはずである。

しかしそう思うのは私が「生物としての心を失った歪んだ人間」になったかららしい。考えてみると意見が違ったからといって力ずくで相手を殺すというのは尋常ではない。まして、自分が得したいから相手を殺すなど狂気の沙汰である。

自分の思う通りにならないからといって相手を殺すという人間は「凶悪犯人」である。イラク戦争の際、ブッシュ大統領が中東のアルジャジーラという放送局がニュースで自分の思うとおりの放送をしないという理由で爆撃をする計画を立てていたという。まさにヨーロッパの狂気の論理である。

ところでアイヌはどうして２０００年も戦争をしなかったのだろうか？　それには３つの理由があるようだ。

第1の理由は「人格が高かったから」に他ならない。人間が「悪いことをしようか、それとも自分が損しても正しく行動しようか？」と迷う時、最後の決断は自分の人格が決断する。人を殺すのは悪いに決まっているのだから、殺さない。アイヌ民族は我々より人格が高い。

第2の理由は「交易の民」だったからである。交易とは「力ずくで他人のものを自分のものにする」という方法ではない。「他人のものが欲しければ自分のものと交換する」というのが交易である。だから戦争にならない。

第3に、アイヌは言葉を尊重し、話し合いを大切にした。アイヌは文字を持たなかった。文字を持つだけの頭脳と文化は持っていたし、むしろ和人より頭は良かった。でも言葉を文字にすると心が失われることを知っていたらしい。音を文字にすると心は失われる。かくしてアイヌはその高潔な人格、交易の思想、そして話し合いの心をもって歴史を歩んできた。だから戦いはなかった。

血なまぐさい人殺しの歴史を持つヨーロッパと私たち和人、それに対して2000年間、戦争をしなかったアイヌ。人間としての彼我の優劣は歴然としている。アイヌほど優れた民族はいない。

いま平和を望み、その運動に身を捧げている人たちがいる。その人たちは是非、アイヌの文化を学んで欲しい。

彼らは今、「他人のものは自分のもの」という思想をもつ和人に土地を取り上げられ、辛い生活をしている。だから北海道の調査ではアイヌの人たちは和人の人より生活程度は低い。だからこそ彼らは人類でまれに見る立派な民族なのである。

第五章　人間・日本人

人間の頭脳が「良い」と考えた方向に行けば人は滅びる!?

若い頃、かつての中央公論社が出していた「世界の名著」というシリーズの本を買って読み耽ったものである。その中にいくつか強い印象を受けたものがあった。ダーウィンの『種の起源』、ホッブスの『リバイアサン』、そしてプラトンの『ソクラテスの弁明』である。

その中でも特に私の印象の残っているのは、プラトンがソクラテスの話を記録した『ソクラテスの弁明』だったが、その時の私の印象は「ソクラテスという人の頭は鋭利な刃物のように切れる」ということだった。ソクラテスと弟子たちの交わした問答の鋭さにすっかり参ってしまったことを覚えている。それまで食わず嫌いだったギリシャの哲学や文学に興味を持ったのもこの書がきっかけだったし、若く尊大だった私が、おそらく初めて「知」というものを知り、ずいぶん傲慢な話だが「世の中には自分より切れる人がいる」

と実感したのもこの書がきっかけでもあった。

その後も哲学には興味を持ち続け多くの本を読んだ。ギリシャ哲学やイギリスの功利主義の議論などは面白かったけれど、ドイツ哲学はそれほど興味を持てなかった。それでもドイツ哲学やイギリス文学というのはある意味で知的産物としては人類の遺産というべきものであり、それらを読み耽るとちょうどベートーベンの作品を聞くように心地よく、そして知的興奮を覚えたものだった。

そして19世紀初頭のヘーゲル、同じ世紀のヘルムホルツを読み、私がヨーロッパに惚れ込もうとしたとき、私は反対方向から酷いショックを受けることになる。それはインド独立の父、マハトマ・ガンジーの哲学だった。ガンジーの哲学を一言で言えば、「人間の頭脳が〈良い〉と考えたことの方向に行けば人は滅びる」という単純なものである。つまり驚くことに「知」は人類の滅びる原因となるということであった。

私はあらためて歴史を整理してみて愕然としたのである。ソクラテス、ヘーゲル、そしてヘルムホルツ……あれほど素晴らしく美しく、そして叡智に満ちている人たち、その人たちは実はその裏で世界の人を圧迫し、奴隷のように労働させ、それから作られる美味しいものを食べながら生活をしていたのだ！　なんということだろう！

19世紀を中心として描いた植民地地図がある。茶色、灰色、緑と三色に色分けされており、世界各地に作った植民地から富をむさぼった帝国が茶色。灰色に塗られたのは植民地にされた国々、そして緑がかろうじて植民地になるのを防ぎ独立を保った国である。日本は幸い緑だった。

そうやって世界地図に色をつけてみると、私が尊敬していたイギリス人の手にある紅茶はセイロンの人を奴隷にして得たものだった。ドイツ人がソーセージに使ったペッパーはインド人の血で作られたものだった。もちろん、彼らは世界の頭脳であり、人類全体を鋭く観察できることはその著者群からよく理解できる。だからこそその事実とあの高尚な知的活動があまりにもかけ離れていることに愕然としたのである。

「アテネは民主主義と言われるが、人口50万人のうち、奴隷が48万人。ギリシャの哲学者は奴隷に働かせて、自分たちは遊んでいたから哲学ができた」という話を聞いたことがある。ソクラテスもプラトンも生活のために働く必要はなかった。「知」は他人を搾取しないと成立しないのだろうか？　私は深い絶望と疑問に取り憑かれた。

そしてもう一度、彼らの著作を読み返してみると、彼らが「人間」といっているのは「白人男性の中でも、頭も生まれも良い人たち」であることがわかった。有色人種はもとより白人女性も「人間」の中には入っていない。そして彼らが言う「宇宙」とはギリシャ時代ならギリシャといったように住みやすいところだけであり、「幸福」とは彼らの価値観が満足されることだった。

それに気づいた私のヨーロッパ哲学熱は急速に冷めていくのだが、それでもまだ私には「知」に対する尊敬心が残っていた。

人間の最初の頭の大きさは500ccで、現在のゴリラとほとんど同じだった。それが進化と共に頭脳は大きくなり、ついに1500ccになった。大きな頭はものをよく考えることができるようになり、人間は「考える葦」、つまり「ホモ・サピエンス」に変身したのである。このように人間の頭脳はどんどん大きくなってきており、それは女性のお尻の大きさに比例している。女性のお尻が大きくなるとそれだけ脳の体積が増えて「知」が高まる。でも、そしてなぜ女性のお尻が大きくなったかというと、脳が「自分を守り、自分を強くし、弱者を痛めつけ、自分だけが有利になるように万全を尽くす装置」だからである。他人より大きくなることが自分が勝つための最善の方法だからである。

人間は生物である。生物は自然淘汰で生存し、他の生物を圧迫することで繁栄する。だからヨーロッパ人が知の働きでアジア人を奴隷にするのは正しく、できるだけ他の生物や種族を圧迫するためにより大きな頭脳を求めたのも生物としては正当だった。ヨーロッパ人が知を磨き、知によって植民地を作り、アジア・アフリカの人たちを奴隷にしたのは生物活動としては正しかったのだ。

私は大学の先生だ。大学というところは学生に学問という形で「知」を教えることだ。何のために「知」を教えるのだろうか？　それは他人より上に立つ能力をつけさせることであり、限られたパイをできるだけ多く獲得する手段をつけさせることである。

私は学生を教育するのがイヤになった。学生に「知」の力をつけさせること（教育）は学生が社会に出て他人に被害を与えるための行為であり、それは実は、私自身が大学を卒業してから今日までの姿に他ならない。そう、「知」の目的は独占であり、収奪である。そしてそれから出る行為は残虐である。そしてさらに「知」はそれを「知らん顔をする奥深さ」を持ち、「他人に責任を転嫁する技術」を持っている。

「知」という響きは美しい。「知の創造」「知の遊戯」……どんな熟語を使っても「知」という文字が入っていると美しい。それは人間にとって「美」「力」と同じ魅力を持っているからだろう。人間が他の生物や他の人種、そして自分の国の他の人に対して優位に立つ原動力、それが「知」「美」「力」で

ロバート・オッペンハイマー

ある。我々は競争というものに唯一の価値を見いだす生物の一種であり、だから「他を圧迫できる能力」を「素晴らしい」と感じる。

私はそのことを2枚の写真に託して自戒する。それは長崎に原子爆弾を落とした世界的な物理学者オッペンハイマーと、頭上に落ちてきた原子爆弾で両親を失い、今、最後に残った弟を亡くして共同墓地に埋葬に来た少年の写真である。

オッペンハイマーは世界的学者として尊敬される。彼はみずからの優れた頭脳を使って原子爆弾を作り、それを広島と長崎に落とした。その下にいた多くの人たち、その人たちに学問はないかも知れないが、他人の頭の上に原子爆弾を落としはしない。明らかに最後の家族を埋葬するためにやってきた少年の方が優れた人間と私には感じられる。

『焼き場に立つ少年』撮影：ジョー・オダネル 提供：坂井貴美子

「私たちはどうせ誠意ある態度はとれないのだ。それはわかっているじゃないか。私たち指導者にできることは「知」の醜さを隠してそれを売ることだろう。そんなことはわかっているじゃないか、書生論は意味がない、歴史的にも「知」が「欲」に勝ったことはないのだ……」と私の周りの人は言う。

でも、それは違う。人間が書生論に立ち返ることができたら、人間だけで地球を占有することもなくなり、人間は地球上の生物に尊敬される存在になるだろう。そしてそれができなければこれまで地上に出現した多くの生物の中でも最悪の種であり、単なる暴君に過ぎない。それがわかり、行動できて初めて「知」ではないか？

努力は欲を強め、欲は絶望を招く

いくたびも参る心ははつせ寺山も誓いも深き谷川　花山法皇

身の丈10メートルを超える十一面観世音菩薩で有名な奈良の長谷寺は観音信仰の一つの頂点にある。この寺の発祥の地であり寺の隣に位置する霊峰との接点に日本古来の神を祀つる三社権現が建てられ、その横に間口九間、入母屋造本瓦葺の真言宗の国宝・本堂が聳えている。

大小50ほどもある大伽藍群が林の中に立ち並ぶ姿と四季折々に咲き誇る花は見事であり、その中でも木々の間から見える五重塔は美しい。まるで絵物語がそのまま目の前に現れたような錯覚すら覚える。日本建築はなんと美しいものであろうか。

ところで観音様に願をかけるいわゆる「観音信仰」は今から１０００年ほど前の平安時代に盛んになった。苦しみ、悩む衆生が観音様のおられるお寺にお参りしてお願いをする。心優しく万能の力をお持ちの観音様は苦しんでいる民の心をくみ取ってくださり、病気平癒に始まり、あらゆる苦しみを除いてくれるのである。

観音様は静かに、そしてやや微笑みながら立っておられる。その足下に跪き、お御足に手を乗せて心の底から一心に観音様にお願いをする。

（私の愛する人が苦しんでいます……どうか、お助けください……）

長谷寺から50キロほど南へ行くと吉野山の麓に達する。そこから少し山道を登り金峰山寺の本堂である蔵王堂につながる長い階段の下に出ると「脳天大神《のうてんおおかみ》」という珍しい名前の神社がある。その縁起は次のように語られている。

ある時、神社の近くを流れている河のほとりに頭をつぶされた蛇がのたうち回っていた。通りかかったお坊さんがその蛇を不憫に思って丁寧にお経をあげて葬ったのがこの神社のはじまりという。

脳天大神は神様を祭る神社だから鳥居がある。その鳥居をくぐると正面にお線香を上げる場所があり、その奥に祭壇がある。そこで護摩供祈願が行われる。護摩供祈願というのは仏教の宗派である真言宗の作法の一つで、お経を唱えながら火を焚き、その力によってある時には悪霊を追い払い、ある時には修行を助ける。

すべての生物は生を受けてもその一生を無事に過ごして往生することはない。ほとんどの生物は他の生物に襲われて捕食され、その一生を終わる。たとえ無事に生きることができても、毎日は食糧を確保するだけで精一杯である。そういう一生を送る。

そんな生物の中で人間だけは特殊である。特に20世紀に入ってから先進国に住む人間は生物が地球上に出現してからの歴史を考えても、特別な存在となった。誕生してから一生を終えるまでまず食糧のことを心配しなくてもよく、また戦死しなければ他の動物に捕食されることもない。絶対的な王者に君臨しているのである。

そんな人間だから悩みがあるはずもなく、病気で命を落とすかも知れないがその危険性は他の動物に比較すれば比べものにならないほど小さい。だからイエス・キリストは悩み深い人に向かって、

「空にさえずるヒバリを見なさい、野に咲くアザミを見なさい。何の悩みもなくあのように楽しげに生きているではないか」とおっしゃる。

その通りなのである。動物や植物から見れば人間の人生ほど楽で安全なものはない。悩みがある方がおかしいと思うだろう。でも人間は悩みがある。人間の脳は欠陥商品で、豊かになればなるほど貧しくなり、健康なほど病気の不安を覚え、そして幸福になればなるほど不幸になるという傾向がある。だから昔の人より現代の日本人の方が不幸である。

そこで観音様にお参りして病気平癒をお願いし、脳天大神で祈禱してもらって入学試験合格、商売繁盛祈願をしていただく。でも、もともとおかしいことだと荒行を終えた僧侶が呟く。仏様もキリストも人間の悩みは欲から来ていると諭される。欲を捨てれば苦しみはなくなる。苦しみは苦しみ自体があるのではなく、自分の欲が鏡に反射して創造される幻想である。だから欲がなくなれば苦しみもなくなる。

長谷寺にお参りし、脳天大神で祈禱していただくのだから、さぞかし信心が深く、仏のお教えを良く理解して欲から離れることもできると思うが、そこが人間の弱さで欲は捨てられない。そこで、欲を捨てなさいと諭している神様、仏様の前に行って自分の欲を満たしてくれと頼む。ずいぶん図々しいと言えば図々しいものだ。

ガンジーはこう言っている。

「心というのは落ち着きのない鳥のようなものであると私たちはわきまえている。物が手に入れば入るほど、私たちの心はもっと多くを欲するのです。そして、いくら手に入っても満足することがない。欲望のおもむくままに身を任せるほど、情欲は抑えが利かなくなります」

だから観音信仰にあやかったり、お札を売って願い事の祈禱をしたりするような寺は邪道だと非難する人もいる。それに真言宗の長谷寺の中に権現があり、脳天大神には鳥居もあるし仏間もある。その形がおかしいだけではない。行いも仏様のお教えに反している。確かにお札を乱発して信者からお金を巻き上げているとすれば非難に値するかも知れないし、その方が論理的に正しいように見える。でも、そんなことを問題にするのはいかにも本質から離れた些末な議論である。

観音様はなぜ願いを聞き入れるのだろうか？

もともと人間は十分に幸福で悩むことなどないのである。でも人間は悩む。そこに人間の愚かさがあり、お釈迦様も苦しみ、宗教が生まれた。観音様という存在自体が人間の脳の作りの不完全さの証拠であり、欲を消せないから観音様がおられる。当然ではあるが観音様はそれをよくご存じなのだ。

（そう、仏様のお教えはあなたの欲を捨てることです。そうすることができればあなたがそれほど悩んでいることもウソのようになくなりますよ。でもそれはできないでしょう。できないから私のところに来たのだから、私があなたの悩みを消してあげます……）

そんな優しい観音様にお願いするのだから、せめて自分ができる努力だけはしよう。寒い冬の朝でも、灼熱の太陽が照りつける日でも、いくたびも幾たびも参ります、一日も欠かさず痛む足を引きずって長谷寺の観音様にお参りをする……努力は厭いません……だからお救いください……。

でも、努力はかえって欲を増やし、それ故に願う心も強くなる。人間は努力をすると報われたくなる。努力をすると人より高くなるのでそれだけの見返りが欲しくなる。何もしない願いは純粋だが、努力の後の願いは不純になる。人間はどうあがいても無駄なのである。

私は長谷寺の観音様の足下に跪き、齢、還暦にして「願い」というものがどういうものかということを垣間見たような気がする。そして本堂から出て晩春の柔らかい光の中で谷間に軒を並べる伽藍群を眺める私の目に奥の本堂の観音様が見えるような気がした。ああ、ここにさえ来れば……そう願った人たちの息づかいも聞こえた。長谷寺の谷川はその舞台なのであった。

旅はそれからも続いたが、私は一心に祈り、そして願うようになった。自分にはできないこと、人間では克服できないこと、もともと自分の欲から出た幻想だから消すに消せないこと、それを願いという形、祈りという形で少し出せるようになった。

祈りは自分を小さくする。自分の栄達や健康を願うのは図々しい。家族の健康かな？　いや、家族の希望を叶えて欲しい……家族でいいのかな？　いったい私は何を望んでいるのだろう？　私は何を考えているのだろう？

心の鏡は欲を映して悩みに変え、祈りは悩みを照らして迷いに導く。天川の夜の風が薄暗い祭壇を吹き抜け、光のない舞台で救いをまた少し理解することができた。行いはすべて苦悩になり、自らがそれを解決することはできない。だから私たちにできることは生きることと願うことだけであった。

生きて願う……でも、平安時代もそうであったように、おそらく願いは時にはお聞き入れにならない時もあるだろう。絶望の淵に沈み、観音様にお参りし、それでも願いは遠くへと離れていくこともあっただろう。そんなとき、人間はどうして救われることができるのだろうか？

それでも、大丈夫なのだ。私たちの悩みは私たちの欲が発生させた幻であり現実ではない。だから祈りと願いによってなくなる。そしてそれでもなくならない時には神様は奇跡を用意してくださる。絶対に助からない時でも神様は奇跡を起こして救ってくださるのだ。

奇跡が非科学的だと反論するのは見当外れである。なぜなら、奇跡を願うもともとの原因は欲にあり、欲が鏡に映った幻が悩みであり、それが奇跡を望む。だから奇跡を願う悩みは幻想である。もし、観音様が願いをお聞き届けにならなければ、如来様が悩みのもと、願いのもと、絶望の淵の原因となっている欲を取り去ってくださる。だから必ず奇跡は起こり、願いは聞き届けられる。それは物質の世界ではない。

こころの信仰を失った現代の人には願いが叶うすべがない。一つの願いはもう一つの願いを生み、それは増殖する。努力は願いを強め、願いは絶望を招く。でも、物の充足は信仰への回帰を求めている。

なぜ日本人は「河童」が大好きなのか

「三年前の夏のことです。僕は人並みにリユック・サツクを背負ひ、あの上高地《かみこうち》の温泉宿から穂高山《ほたかやま》へ登らうとしました。……（中略）……僕は驚いてふり返りました。すると、——僕が河童《かっぱ》と云ふものを見たのは実にこの時がはじめてだつたのです。僕の後ろにある岩の上には画《え》にある通りの河童が一匹、片手は白樺の幹を抱へ、片手は目の上にかざしたなり、珍しそうに僕を見おろしてゐました」

芥川龍之介が昭和二年に書いた『河童』の一節である。芥川龍之介は相当河童に興味があったらしく、河童の絵を何点も残している。

日本の昔話の中に河童はよく出てくるし、年配の方なら色気のある河童の絵で知られた漫画家の清水昆を思い出す人も多いのではないか。

川や池の畔《ほとり》にいて人がやってくるとからかったり、ひどい時には子供を池に引きずり込んだりしていたずらをする河童。昔のお婆さんは孫や近所の子どもたちに「池に近づいちゃダメだよ。河童が出るよ！」などと脅したものだった。

それにしても人間は変な生き物を考え出したものである。体に毛はなく、皮膚はぬるぬるしていて青白く、両手は自由自在に伸び縮みして指は三本。おまけに指の間には水かきがあるという具合だ。背中には亀のような甲羅がついているのだが、それをはずすと人間に化けることができる。好物はキュウリで、その名残《なごり》が今でもお寿司の「カッパ巻き」に残っている。

「江戸時代、五反田田原の三つ丸に園田氏が居住していた。それはある大雨の夜だった。この家の表戸を叩く者がいるので戸を開けてみたら、子供の背丈くらいのかっぱが立っていた。『朝方所用があって出掛け、今帰ってみたら、戸口を八岐《やまた》の怪物がふさいでいて、家に入れません。妻も子供もさぞ待ちわびていることだろうと案じられます。あなたの力で、この怪物を退治して下さい』

かっぱの案内で行ってみると、戸口が馬鍬《まが》（農具）にふさがれていた。『何だ、これが怪物か』と、その馬鍬を取りのけてやったところ、かっぱは、『このご恩は決して忘れません。あなたの家の七代後まで、どんな大水が出ましても床上まで水の上がらないように祈ります』心から礼を言った。

それからというもの、あのかっぱの言ったとおり、川棚川にどんな大水が出ても、この家に限って何ら水害を受けず、また時々ささ竹や藁茎《わらぐき》に通した川魚が、家の戸口につるされていることもあった。これはみんなかっぱの恩返しに違いないと言われた。この家はそれから七代目になった時、家を三つ丸から川向うの刎田《はねた》に移した。ここなら土地が高いので川棚川が大水になっても水害を受ける心配がなかったからである」

（喜々津健寿著『川棚歴史散歩』より）

この話は河童の民話の一つだが、日本中に読み切れないほどの河童の伝説や民話が残っている。なぜ、日本人はこれほど河童が好きなのだろうか？　この日本製の怪物のことを少し考えてみた。

まず、喜々津健寿さんが紹介されている話だが、まだ近代科学が発達していない頃、人間にとって自然の出来事はどれも恐ろしく、理解ができないものであった。ある村の近くを流れる川が氾濫して、ほとんどの家が流されたのに、一軒だけ幸運にも流されなかったということがあったのであろう。現代ではすぐ土木の専門家が駆けつけて「この河川の流れにはある特徴があり……」などと分析をして、その家だけが流れなかった理由を流体力学的に説明するに違いない。

でも昔はそうではなかった。力学も流体も学問にはなっていなかったのだが、それでも人間は「理由を知りたい、わかりたい」という気持ちがあった。そこで河童の登場になるのだ。「その家が流されなかったのはきっと……ご先祖様が河童に功徳をされて、その恩返しで水を操る河童が恩返しをしたのだ、いや、そうに違いない！」と納得するのである。

特に日本では生活は河川と共にあり、時に水害で大きな痛手を受けることがあったので、河童伝説が長く伝えられたのだと思う。

また、河童の存在は私たちに別のことを教えてくれる。

お婆さんにとってはその孫は宝物であった。活発で利発で「きっと将来はこの家を背負って立派にしてくれる」と期待していた。それはお婆さんでなくてもそう思っただろう。

記憶力は抜群で、まだ5歳だというのに近所のどんな小さい地域の難しい地名でもすらすら言うことができたし、九九は自由自在、すぐ計算してくれるのだ。おまけに身体も丈夫でその敏捷さといったらこれも町一番である。お婆さんが自慢したくなるのも無理はなかった。

しかしお婆さんにも悩みがあった。それはこの可愛い孫があまりに活発で、どこかに飛んでいってしまいそうだからであった。お婆さんはいつも「行ってきますっ！」と言って孫が飛び出していく時「気をつけるんだよっ！」と慌てて声をかけていた。

そんな日が続いていたある日、お婆さんの心配は現実のものとなってしまった。遊びに行った孫が帰ってこないのだ。緊張が走る家、夜通しの捜索、そして最悪の事態……。あの利口で活発だった孫が変わり果てた姿で家に帰ってきたのである。

「河童に引きずり込まれた……」

冷たくなった孫を抱いて帰ってきた父親はそう言ってそっと息子を布団に降ろした。

それからしばらくして、孫がその命を失った池の畔にたたずむお婆さんの姿があった。お婆さんの手には〝ハエたたき〟のような形をした棒がしっかりと握られていた。

「この河童っ！　出てこいっ！　なんで引きずり込んだんだっ！」

お婆さんはその棒で池を叩きながらそう叫んでいるのである。

あの、あの利発な孫が自分で池に入るはずはない、きっとこの池にすむ河童が可愛い孫を引きずり込んだに違いない。だから河童をお仕置きしなければならない。そんなことをしても孫が帰ってくることはないだろうが、それでもその悪い河童をお仕置きして孫の敵《かたき》を打たずに済むものか、とお婆さんは力一杯、池の水面《みなも》を叩くのだった。

人には悲しい時がある。理由もなくある日とつぜん幸福が奪われることがある。それは現代でも大昔でも人間が生きている限りは続く。そしてどんなに悲惨なことでも事実は事実であって、受け入れなければならない。でも人間の心はそれで納得するわけではない。「事実は事実」と言っても、はっきりとした現実感を伴った事実ではない。だから実際に河童がいるのかいないのか？　などといったことは重要ではない。人間は食べて寝て、単に息をしていればそれでよい、という存在ではない。

人間が生きる意味は心の充実にある。それがたとえ幻想であっても私たちの心は悲しい時には納得することを求め、楽しい時にはその楽しさを人にも分けたくなる。だから、人の心に河童が必要なら、それが非現実的であろうが非科学的であろうが、日本人の生活の中に残る。

私たちはいま、心を失っている。喜びも、感動も、同情も、悲しさもすべてを失い、ただどれだけ能率が上がるか、目の前のことをどれだけ短い時間で済ませることができるかだけを考えながら人生を送っている。河童のいる生活は悲しさもあるけれど、生きている実感もあっただろう。

小説が死んでいるのは私達が死んでいるから

文豪トルストイはかつて「学問は、(偉そうな顔をしているが)人生のなんたるかを教えないので意味がない」と言った。確かにその通りである。

学問はある時には「真実」を明らかにし、ある時には「新しい物」を作り出す。それは部分的であり還元的である。自然のある部分、あるいは人間のある部分がわかったからといって人生自体を照らし出すことはできない。それは文学の役割だとトルストイは言う。

碩学ヘルムホルツは、トルストイが学問の批判をする30年ほど前にこう言った。

「1000年前の小説は価値があるが、私が書いたものは30年経ったら紙くずだ」

19世紀の自然科学を率いた一人である彼にして学問というものが30年も保たないことを述懐しているのである。

学問は新しいことを追求し、新しいことは日々、更新されるので学問の進歩が盛んな時ほど、自分が歩んだ道は古くなるのも早い。哀しい学問の性《さが》である。

ところが最近、異変が起こってきた。世界的にも日本的にも近代文学の大家は次第に姿を消している。芥川龍之介、島崎藤村、夏目漱石、川端康成から太宰治に至るまで名だたるビッグネームが並ぶ。そして現在でも優れた作家がいて、芥川賞もあるのだが、今ひとつ勢いがない。

有名な作家が新しく作品を発表したからといって急いで本屋に行くのは、本当に小説が好きな人だけになった。庶民は小説から離れ、古典も大衆小説も読まない、というか話題に上らない。今でも小説の話をするというと『我が輩は猫である』や『坊っちゃん』が出てくる。せいぜい『雪国』だ。

最近の小説は、病気、性など非日常的描写を好む。特に女性の作家の小説は、自らの肉体の経験を踏まえた詳細な描写が続く。確かに日常的なことはあまり面白くはなく、非日常的な中に人生が見えるのかも知れない。トルストイの時代に生きていたわけではないが、『坊っちゃん』も『雪国』もそれほど異常な世界を描いている訳ではない。

泉鏡花ぐらいになるとその妖麗な文章で描かれる風景はこの世のものとは思えないが、案外、その頃の花柳界にはあったのかも知れない話のようにも思える。

近頃の小説が廃れたのは、書き手の力が落ちてきただけではないようにも思える。かつて、人間の生活は長く「生き物」としてはまともなものだった。

人間は動物の一種だから、額に汗して食料を求め、灼熱の鉄塊を叩いて道具を作る。そうして人間は600万年を生きてきた。ところがいつしか日本人は額に汗をしない生活を送るようになった。それは、もう食料も物も作る必要がなく、生きるのに努力する意味もなく、ただ無意味な「稼ぎ」というものを追求している存在になったからだ。

トルストイが言うように小説とは「人生のなんたるかを考えるもの」である。でも人生自体がなくなったので、文学は僅かに人間に残った生物的なもの、「病気と性」を描く。時に「環境」などもテーマになるようになった。

私は必要があって最近、有吉佐和子の『複合汚染』を読んだ。農薬の被害を訴え、農薬を使うことによって人類は破滅に陥るだろうという小説風のドキュメンタリーだ。文学好きの私でも彼女の文章に驚愕した。科学的には明確にウソであることが羅列されているのである。

彼女があまりにも科学の知識がなかったか、それとも世間を騒がしてさらに名声を上げようとしたか、それは私にはわからない。でも彼女の空想が科学の衣を着て、多くの人に甚大な被害を与えた。

文学のテーマがない日が続いているほど無風なはずの日本なのに、それでも、日本人は苦しんでいる。株を売って「儲けた」と聞くと「うらやましい」と思う。でも「儲ける」ということは「お金を手にすること」であって、「幸福を手にした」ことではない。お金を手にすることはある意味不幸になることであり、幸福とは無縁である。

すでに私たちは異常な世界にいて、「不幸になる」というのを「良かった」と感じる世界にいる。それは空しい人生でもある。しかし、その人生を書き込むだけの作家はいない。相変わらず額に汗する人の人生を描き、それに行き詰まって「病気と性」に創作意欲の対象を求めているだけだろう。

小説は私たちの生活のバロメーターのようなもので、小説が死んでいるのは私たちが死んでいるからであり、もし小説が生き返るとするとその時には私たちが生物に戻り、息を吹き返す時である。学問もまた、現在では人間を廃人に追い込むためにのみその活動を進めている。

私は日本人が架空の人生から五感の生活へと転換するのは簡単だと思っている。それは「素朴になること、額に汗すること、体を動かすこと」である。

人の言うことをそのまま信じる、自分がしたいことをする、美味しいからといって過度に贅沢なものを食べない、満腹しない、自分の仕事は自分でする、歩けるところは歩く、生活ができる程度以上にはお金をもらわない……どれも書くことも恥ずかしいぐらい当然のことなのである。

長寿世界一、世界一のお金持ちの日本人が、ほとんど世界一と言ってもいいくらい自殺率が高い。そんな社会から当たり前の社会に戻れば、小説は病気と性から離れて、本当に人生を考えさせてくれるものになるだろう。

行列に見る「個人と社会」の考え方の違い

英語に〝queue〟という単語がある。〝キュー〟というような音の発音で、発音も難しければ日本ではあまり知られていない英語の単語である。日本語の意味は「列」。でも、イギリスでは有名だ。有名な理由は2つあって、一つは「日常語」であること、もう一つは「イギリス人は並ぶのが好きだ」ということである。

入場券売り場で並ぶ、バス停で並ぶ、トイレで並ぶ……なにしろイギリス人はよく並ぶ。そして列に並んでいて、何が楽しいのかわからないが、どの人の顔もイライラしていない。

不思議に感じてある時にイギリス人に聞いてみると、「イギリス人は並ぶのが好きなんですよ」とあっさり言われた。

イギリスの次はアメリカの体験。

まだ若い頃だった。私は緊張の上に緊張して、とある飛行場のチェックイン・カウンターの前に並んでいた。アメリカの国内線ではあったが、日本から来たこともあって時間には余裕がある。私の前には5人ほどの人がいたが、日本人の私でもさして気にならなかった。

やがて3番目ぐらいまで来た時のことだった。乗客とカウンターの係員の間でなにか複雑なことが起こったらしい、盛んにやり合った後、係員がどこかに行き、しばらく経って戻ってきてまた話を始める。私の前のアメリカ人は急いでいるのだろう、盛んに航空券を見たり、時計を見たりしてイライラしている。

十分な時間がある私も心配になってきた。あの人はいつ終わるのだろうか？　まだ20分ほど時間はあるが、本当に終わるのだろうか……でも自分の前の人はもっと急いでいるようだが、それでも前の人にもカウンターの人にも文句をつける様子もない。内心はイライラしているようだが、それでも見かけは静かに待っている。

やがて長大な時間を使ってその人の問題は解決し、私たちはヒコーキに乗ることができ

た。私は目的地に着き、ビジネスを終え、夕食の時に、アメリカ人にこの話をしてコメントを求めた。そうしたら、

「一番前の人が係員と話をする権利があるから」

と、これも素っ気なく言うのである。

その後、このことがアメリカの文化、「個人の権利」に深く関係していることを知ることになる。もともと列に並ぶということは先頭の人がまず目的を達成し、それが順次、後ろの人に変わっていくという仕組みである。先着順に権利を行使する方式とも言える。そして自分が先頭になったら自分一人が目的を達成する。それが「権利」というものである。自分が先頭になった時に権利を行使できるということは、自分の前の人が権利を行使している時に、それに異議を申し立ててはいけない。「自分だけが権利を持ち、人は権利を持たない」というのは彼らの考え方にはない。自分が権利を主張するなら、相手にも同じ権利を認めなければならない、それが不文律だ。

だから、前の客が長い時間かけて自分の権利を行使していても、後ろの人は文句を言わないのだ。

日本にも「個人の権利」という言葉が入ってきて、「権利、権利」と言うようになった。その結果、自分の権利だけを主張する人が出てきたので、批判を浴び、「権利を主張する

ときには、義務を果たしてから」という権利と義務が言われるようになった。

でも「権利と義務」の前に、「自分の権利と他人の権利」が最初にある。会議などでも「自分が発言しようと思ったら、他人の発言を許し、それを聞く」というのが大切だが、会社の偉い人などは自分の権利だけを発揮することもある。

ところで日本では、どうなるだろうか？　ある窓口に5人並び、前の人が（あとに並んでいる5人の人にとっては）つまらないことを聞いて時間を費やしていると、後ろの人は「なにやっているんだ！」「こちらは急いでいるんだ。そんなつまらないことは後にしてくれ！」と怒りだす。時には、後ろからこづいたり、横から割り込んでくる剛の者もいる。

「日本人はしょうがない。個人の権利を主張して、他人の権利を尊重しない」と嘆く。だがこれは日本の文化や道徳をよく考えないで「西洋かぶれ」しているだけに過ぎない。

西洋は「個人」を基本にして社会を作る。日本は「社会」を基本として個人を作る。作り方が逆なのである。西洋は並んでいる5人を「一人ずつ5人の人間」とみるが、日本では「5人で一つ」と考える。そしてその5人の「最大幸福」について、西洋では「一人ひとりの権利が守られることによって全体の幸福が達成される」と考え、日本では「5人を一つとして、全体の幸福をまとめて考える」とする。

そこで日本では並んでいる5人は「順番はあるが、等しく権利を有している集団」ということになり、「5人が同時に幸福になるためには」と考える。そのためにはたとえ一番前に並んだ人でも権利の行使に当たっては「全体の幸福」を最優先して、個人の権利の行使は「我慢」しなければならない、とするのである。

だから日本は曖昧になる。曖昧な日本は嫌いだ、という人は外国に移住すればよく、その権利は保障されている。日本に住む人はこの曖昧さの中で生活をする。でもこれが素晴らしい。国民全部が「家族」であり、見ず知らずの人が飛行場の窓口に集まっても、その5人全員の幸福を考えなければいけない。国民、総家族なのである。

日本は飛び抜けて犯罪が少ない、日本の飲み屋では「ビール、2、3本持ってきて」と従業員（おばさん）に言っても聞き返されない。西洋では、「2本ですか、3本ですか」と聞いてくるが、日本ではそのおばさんは家族なので、こちらの懐を考えて持ってくる（時にはこちらの健康状態まで心配してくれる）。日本では18歳を超えても大学生の学費を親が出す（世界的に珍しい）……など日本の風土は「全体の幸福」を目指した日本文化の中にある。

江戸末期に日本を訪れたスイス領事リンダウは、1858年、長崎の近郊の農家でのことを次のように記している。

「火を求めて農家の玄関先に立ち寄ると、直ちに男の子か女の子が慌てて火鉢を持ってきてくれるのであった。私が家の中に入るやいなや、父親は私に腰をかけるように勧め、母親は丁寧に挨拶をして、お茶を出してくれる。家族全員が私の周りに集まり、子供っぽい好奇心で私をジロジロ見るのだった。……幾つかのボタンを与えると、子供達はすっかり喜ぶのだった。『大変ありがとう』と皆揃って何度も繰り返してお礼を言う。そして跪いて可愛い頭を下げて優しくほほえむのだったが、社会の下層階級の中でそんな態度に出会うのは、全くの驚きだった。私が遠ざかって行くと、道のはずれまで送ってくれて、ほとんど見えなくなってもまだ『さようなら、またみょうにち』と私に叫んでいる。あの友情のこもった声が聞こえるのである」

西洋人にとってはこの長崎の農家の人たちは「他人」であり、長崎の人にとってはたとえ外人であれリンダウは「家族」なのである。家族としてリンダウに接する農家の人、それが日本人である。

超「安全」な日本、水道の水をなんの心配もなく飲める日本。このような日本は「日本人、みな家族」という思いからできた。そしてそれが世界でどれほど特異であっても、恥じることではなく、誇りに思うことなのだ。人にとって大切なのはお金や仕事の成果ではなく、礼節を守り、誠実さを忘れない強い心だから。それがさらに高度な意味で他人の権利を認めている状態であろう。

現代の教育は人間を野獣にする

集団が貧しい時には強い者をリーダーにつけ、あるいは強い者しか子供を持てないようにして生き延びる。それでも集団のメンバー一人ひとりにとってそれぞれが自分の生であり、自分の時である。その中で弱い者は苛められ、自分の人生を持たない。

前述したオルテガ・イ・ガセットの『大衆の反逆』には、人間の富があるレベルを超え、それまで貴族だけしか味わうことのできなかった生活を、大衆も享受することができるようになり、それが社会や人生にどのような影響を与えるかが鋭く描かれている。

フィンランドは日本とほぼ同じ面積を持ち、人口は日本の22分の1である。しかも森が多く緯度は極端に高い。でも生活は豊かであり、自然は素晴らしい。フィンランドは原則として大学入学試験がなく学校では成績の序列をつけない。

彼らは学校を卒業すると森に入る。だから勉強は他人を蹴落とすためのものではなく、自らが森の中で生活する術、人生を豊かに送る素地をつけるためである。だから序列を付ける意味はないが、それでいて、科学者、文学者、芸術家、そしてスポーツマンは人口比で日本に劣らない。

アイヌは乙名と呼ばれる酋長は持っていたが、階級性というのはほとんどなかった。そして「自分のものは自分のもの、他人のものは他人のもの」という思想のもとに決して他人のものを奪取しようとせず、それゆえに2000年間、アイヌ同士の戦闘はなかった。アイヌは北海道の環境と完全に調和し、文字をもたなかったが決してその文化は劣るものではなかった。頭脳は素晴らしく明晰である。

そろそろよいのではないか？　日本人はオルテガの「大衆」を超えて「総貴族化」を果たし、少子化が進み、序列なしに真面目に人生を送る民族の素質を持っている。序列をつけなければ優れた技術も人材も輩出しないというのは、幻想だと私は思う。

日本が生んだ柔道は勝つことを求めない。柔道を通じて己を克服する力、相手を尊重する力、勝敗を度外視して全力を尽くす魂を求めた。決して相手をねじ伏せることを目的としたものではなく、むしろ、自らがやがて負ける時の覚悟をつけることだった。

現代、その闇の一つに「勝負」がある。勝負を求めて仁義なき戦いを行う。しかも現代もっとも称賛される勝者は強敵と戦って勝った勇者ではなく、弱いものを騙して利得をとる「狡猾な勝者」である。

環境という名の新しい分野でもそれは同じように行われている。「白い悪魔の粉」と呼ばれたＤＤＴがその典型的な一つであるが、ＤＤＴを使って白人社会にマラリアがなくなると、直ちにＤＤＴが環境を破壊するという名目で製造を禁止し、それからというもの有色人種は年間１００万人を超える犠牲者を出し続けている。

現代日本の環境にやさしいといわれる行為は、その多くが元気な中年、エネルギーの余っている人たち、そして個人や集団で力や声の大きい人たちのものである。その声の中で、情報が閉ざされている、論理が組み立たない、口が回らない、そして起き上がれない人たちは寂しく笑うだけである。

勝負に勝つために全力を尽くす、少しぐらいごまかしても勝てば英雄であるという時代を映像は賛美しているが、まだ民衆は支持し続けるのだろうか？　それともどんなに細い声でも、その声の中に潜む真実に耳を傾けるのだろうか？

私は長く教育や産業に携わってきたが、頭のいい人、仕事ができる人、元気な人の中に偉人を見たことはない。それこそが私が教育に絶望する一つの理由である。教育は野獣を人間にするが、現代の教育は人間を野獣にする。

明るい未来を拓けないだろうか？　勝負を意識しなくても、序列をつけなくても、日本が繁栄することはあり得ないだろうか？　日本人は勝負や序列に関係なく、自らするべきことをし、人間としての成長を遂げ、国を維持していくことができると確信する。それは、これまでの日本の歴史が教えることであり、日本人の行動が示している。

もう一歩のような気がする。もとより勝ち負けとは関係なく私は頑張る。誰かが勝てば負ける者が出るが、最初から「勝ち負け」がなければ、頑張ったけれども負けたということもなくなる。私たちが飢え死にすることはない。勝ち負けのない序列のない社会に踏み込むだけの生産力を持っている。

オルテガの本の題名に従えば、私たちは「大衆の反逆」から「主人としての大衆」の時代へと進んでいる。勝ち負けを放棄することが負け犬ではない時代に入りつつある。勝てば豊かな人生が待っているというのはすでに幻想だ。

法治国家は原始的国家である
——法律に勝る日本の「駅伝精神」

旧約聖書や新約聖書に出てくる「目には目を、歯には歯を」という原則は「やられたらやり返してよい」という意味に解釈されていて、いまでも形は違うがほぼ同じ考え方で法律ができている。「人を殺したら死刑だ!」という感情がこれに当たる。

聖書ができる1000年ほど前に作られたハンムラビ法典の第196・197条に「目には目を」という内容が書いてある。ハンムラビ法典は現存する法典の中では人類最古だが、単に古いということではメソポタミアのウルという都市にもっと古い法典があったと言われている。

いずれしてもハンムラビ法典は紀元前1770年頃にでき、全部で3部からなり、条文は慣習法を成文化したもので282条もある。立派な法典だ。その後、中東やギリシャにその文化の源流を持つヨーロッパ文明に引き継がれ、「契約と法律」が一体となって発展してきた。

一方、日本では大宝律令が最初の法律で701年だから、ハンムラビ法典から2400年も経っている。日本の文明はメソポタミアより遅いこともあるけれど「契約」という考え方がほとんどない日本では社会生活を送るための法律はそれほど重要ではなく、日本最初の法律である「大宝律令」は日常の刑罰より国家の体制を整えたという意味の方が強い。

その後、日本でも少しずつ法律が整ってきたけれど、法治国家となったのは大日本帝国憲法ができた明治時代だろう。大日本帝国憲法の第23条には「日本臣民ハ法律ニ依ルニ非スシテ逮捕監禁審問処罰ヲ受クルコトナシ」とある。

いまでは当たり前の条文も当時としては画期的なものであった。それは、「法律に書いていなければ逮捕されたり処罰を受けたりすることはない」という法治国家の原則が示されているからだ。

戦後、日本国憲法が定められ、その第31条には「何人も、法律の定める手続によらなければ、その生命若しくは自由を奪はれ、又はその他の刑罰を科せられない」とさらに明確に書かれている。何の理由もなく、ただ「悪いから」というので突然逮捕されたら不安で仕方がない。

現在の日本では法律に定められていなくてもメディアがつるし上げをすることがあるが、

まるで昔に戻ったような感じを受けることがある。法律に書かれていないことでは罰せられないというのは実に明快でよい。確かに「法治国家」というのは素晴らしい。

でも法治国家の極端なケースが現代のアメリカだろう。何でもかんでも訴訟である。20年以上前のことになるが、ドライブスルーのマクドナルドでコーヒーを買った年輩のご婦人が、そのコーヒーを自分でひざの上にこぼして火傷を負った。

そのご婦人はすぐマクドナルドを相手にとって訴訟を起こし「コーヒーの温度が高過ぎるので自分は火傷を負ったのだ」と主張した。驚くことにこの訴訟はご婦人が勝ち、法外な賠償金を得たと報じられていた。

当時はまだ日本が訴訟社会ではなかったので、この報道にはびっくりしたものである。その後、「自分が社会で成功しないのは、親が頭の悪い自分を生んだからだ」ということで親を訴えた若者もいた。ここまでくると日本の常識ではなんと言ったらよいかわからないほどである。

こんな社会になると、訴訟は非常に多くなるので、アメリカの弁護士の数は日本の弁護士の50倍にもなる。人口あたりに直しても実に23倍である。法律的なものを弁護士がきちっと処理してくれるのは大変ありがたいが、弁護士の数は現在の日本ぐらいが丁度よいのではないか。

日本人は日常の生活に法律をそれほど持ち込まなかった。金銭上の大きなトラブルや強盗、殺人といった時には法律や裁判が役に立ったが、普段の生活は「そんなことをしては祖先に申し訳ない」「恥ずかしいことはしない」という文化があったからである。

トラブルというものは、それが解決しても解決しなくても、人生の時間をずいぶん無駄にし、気分も悪いものである。できればお互いに気をつけてトラブルを防ぐということに力を注ぐ方がよいことは間違いない。だから「法治国家の方が原始的な国家だ」ということもできる。

日本は現在のように単にアメリカの真似をするのではなく、日本の文化の中でどのくらい法律が必要なのか、すでに施行されている法律でもあまり使われないものを廃止した方がよいのではないかと疑ってみた方がよい。

それでなくても、すでに法律の数はあまりに膨大で、六法全書の内容を知っている庶民はほとんどいない。もともと法律は、その国に住んでいる人のためにあるので、法律が国民に知られていないのなら、その法律は意味がないということになるのではないか。

法律の代わりをするのは道徳や倫理だ。だから、日本国で生活する上で必要な道徳をこれから急いで議論して、繰り返し繰り返し学校で教えることによって、さらに無意味な法律を廃棄することができる。

今から70年前。太平洋戦争に負けて自信を失った日本人は、日本の道徳をすべて捨てて学校で教えないようになったけれど、戦争のショックは和らいだのだから、日本の文化を復活させて法律によらない生活ができるように整備するチャンスだろう。

私は、若い学生を教えていていつも思うのだが、「してはいけないことはしない」という日本の伝統は脈々と生きていて、「悪いことをされる方に油断がある」というヨーロッパ流の考え方をする学生は少ない。「人に迷惑をかけない」という「駅伝精神」は日本に根強く残っているのである。

現代の日本人が法律なしでは何も合意できないとは考えられない。

「してはいけないことはしない」——世界に誇るべき日本人の倫理観

日本という国は実に素晴らしい国である。まさに山紫水明、四季折々、春の桜、秋の紅葉……これほど素晴らしい国は世界広しといえども日本だけである。

日本の紅葉が飛び抜けて美しいのは紅葉する樹木の種類が30種類近くあるからで、ヨーロッパの紅葉も美しいことは美しいが、紅葉する樹木の種類が数種類に限定されているため少し単調である。

私は、アメリカ、ヨーロッパはビジネスや学会で行くことが多かった。アジアでは韓国、中国、そして台湾なども同じような理由で旅行した。

大学の視察や文化的行事では、ハワイ、ベトナム、マレーシア、タイ、シンガポール、インドネシア、トルコなどにも足を伸ばした。

確かに日本と同じ程度に素晴らしい国や地方はある。単に気候だけならハワイ島、人柄ならバンドン、日本贔屓ならアンカラ、芸術ならパリ……などがあるが、気候も人柄も人なつっこさも、そして文化も共に優れている国は日本――正確に言えば、少し前の日本――だけである。

人口10万人あたりの殺人件数を見ると、アメリカの7パーセント、イギリス3パーセント、ドイツとフランスが共に4パーセント、そして日本が1パーセントである。アメリカの殺人件数が多いのは知られているが、検挙数はアメリカが一年1８０００件で、率として66パーセント。それに対して日本は１３００人で95パーセントの検挙率を誇っている。

日本は犯罪の少ない国である。少なくとも最近までそうだった。私は一時、自動販売機の材料の研究をしたことがあったが、あれほど無防備な自動販売機があちこちにあるのは日本だけだ。

江戸時代の終わりに多くの外国人が日本に来て、この世界のはずれにあるニッポンという国をつぶさに見た。そしてその感想を多く残している。その中に貝塚で有名なモースが「日本の住まい」という著述の中に次のような一節を残している。

「鍵を掛けぬ部屋の机の上に、私は小銭を置いたままにするのだが、日本人の子供や召使いは一日に数十回出入りをしても、触っていけないものは決して手を触れぬ」

ここに書かれた子どもや召使いは「貧乏で食事も十分にとれない人」ということが暗黙の前提になっている。そしてそのような人ですら、日本人は人の物を盗むということをしない。「触れていけないものは触れない」のが日本の文化なのである。

江戸時代に日本に来た旅行者は最初、日本を野蛮な国と思う。それは道ばたで婦人が湯浴みをしているからである。そのような文化を持つ国は未開に違いないと彼らは思う。

しかし、しばらくして彼らの考えは変化する。どうもよく見ると日本はかなり高い文化を持っている。浄瑠璃や歌舞伎ばかりではなく、上は武士から下は商人まで決して野蛮ではない。それなのになぜご婦人が白昼に裸を見せるのだろう？

ヨーロッパ人の疑問が解けるのにはそれほど時間は経たなかった。それはモースがお金で感じたものと同じこと……日本人は見ていけないものは見ない……という道徳だったのである。

人間の心の中にある罪を犯したいという欲求、それをヨーロッパは法律でコントロールした。そしてそれ以外に人間の欲望を制御し、社会がある秩序をもって運営されることはないと確信していた。それはバビロニアのハンムラビ法典以来の確信だった。

ところが日本は違う。日本だけが違い、東洋諸民族とも際だって違うことを多くの旅行者が指摘している。触れていけないものは触れない、見ていけないものは見ない、していけないことはしない……すべてやってはいけないことは法律があるかないかという問題ではなく、やらないのである。

そしてもし罪を犯してお上に捕らえられ、お白州に引き出されることがあれば、それは天命である。素直に「おそれいりました」と白状する、それが日本の文化だった。

明治になってヨーロッパの邪悪な文化が侵入してきた。そして舶来の学問を振りかざす学者が「裁判では自分が悪いと言ってはいけない」とつまらない異国の文化を持ち込む。おかげで日本はずいぶんとその優れた文化を捨ててきた。

もう一度、思い出したい。してはいけないことはしない……。

そして最後に、これも幕末のアメリカ駐日大使、ハリスが1857年に残したメモを示したい。

「私は時として、日本を開国して外国の影響を受けさせることが、果たしてこの人々の普遍的な幸福を増進する所為であるかどうか、疑わしくなる。……生命と財産の安全、全般の人々の質素と満足とは、現在の日本の顕著な姿であるように思われる」

私は「ドイツがこうだ」「アメリカがそうだ」というのには従いたくない。日本は日本で行く。その精神でやって行きたい。

おわりに

本著の中には著者自身が、経験や知見で作った著者だけの「格言」のようなものが示されている。

昨日は晴れ、今日も朝

エントロピーは増大し減ることがない。時間は明日には向かうけれど昨日に戻ることはない。だから、昨日はどんなに土砂降りでも、自分が「良い日だった。晴れていた」と思い込めば晴れになる。

人間は長い目標を持つと苦しいものである。でも、どんなにうまくいかなくても、体が弱くても「今日一日」ならなんとか過ごすことができる。毎日の朝というのは、その意味で私たちの大きな希望である。

降ったら濡れる、酔ったら吐く

時に不意の雨に降られることがある。でも空から降ってくるのは硫酸でもサリンでもなく、たかが「水」である。雨が降ってきたら濡れればよい。せいぜい背広がダメになるとか、体が冷えるぐらいだが、それなら回復できるし、話として酒の肴にもなる。

乗り物に乗ると酔うかどうか心配になる。乗っている間中、1時間も2時間も不安だ。でも「酔ったら吐けばよい」と考えれば急に気持ちは楽になる。吐くのは1分か2分ですむ。だから不安を抱えて生きるより不安が来たらその時に処理すればよい。

デディケーション（献身）

人間は「自分のために生きている」と錯覚する。でもそんな動物はいない。全ての動物は「仲間のため」に生きているので、仲間に役に立たなくなると死ぬ。考えてみると、自分のために生きるという原動力は存在しないので、仲間の役に立たなくなれば命を奪われるのは当然でもある。

人間以外の哺乳動物は、オスはボス争いに負けてはぐれオスになり、子供を残すチャンスが失われると病気でもないのに数ヶ月で死ぬ。メスは生理がなくなると病気でもないのに数ヶ月で死ぬ。いずれも「仲間に役に立たなくなったから」という理由しか見当たらない。

私たちはそれほど単純ではないが、それでも仲間のためにデディケーション（献身）することによって健康が保たれ、毎日を笑顔でおくることができる。

錯覚はあらゆる所にあるし、人生の不幸はほとんどの場合、自分が作り出すものである。それはすでに2000年以上の前から教えられてきたことではあるけれど、何度も思い返さないと人生は幸福にならないところが難しい。

本著は飯塚書店の飯塚社長のご尽力で、著者のブログから選別した執筆記録を編集して作り上げたものである。ここに深く感謝の意を示すとともに一人でも多くの人の目にとまることを期待している。

平成二十九年九月

武田邦彦

武田 邦彦（たけだ・くにひこ）

1943年東京都生まれ。工学博士。専攻は資源材料工学。

東京大学教養学部基礎科学科卒業後、旭化成工業に入社。

同社ウラン濃縮研究所所長、芝浦工業大学教授、名古屋大学大学院教授を経て、2007年より中部大学教授。

テレビ番組「ホンマでっか!?TV」(フジテレビ)、「ビートたけしのTVタックル」(テレビ朝日)、ネット放送「虎ノ門ニュース」などに出演。

著書『ナポレオンと東條英機』(KKベストセラーズ)、『環境問題はなぜウソがまかり通るのか』3部作(洋泉社)他ベストセラー多数。

武田邦彦の科学的人生論

2017年12月3日　第1刷発行
2023年1月10日　第6刷発行

著　者　武田 邦彦
発行者　飯塚 行男
編　集　白崎 博史
装　幀　片岡 忠彦
印刷・製本　シナノパブリッシングプレス

株式会社 飯塚書店
http://izbooks.co.jp
〒112-0002 東京都文京区小石川5-16-4
TEL03-3815-3805　FAX03-3815-3810
郵便振替00130-6-13014

ISBN978-4-7522-6029-5